社区营造专业教研书系·教学与研究系列

学委会成员

谢维和 李 强 王 名 沈 原 谢寿光 罗家德 周俊吉 王本壮

编委会成员

罗家德（执行主编） 王本壮 刘佳燕 梁肖月

社区营造专业教研书系·**教学与研究系列**

清华大学社会科学学院信义社区营造研究中心

社区营造的理论、流程与案例

THEORY AND PRACTICE OF COMMUNITY REVITALIZATION IN CHINA

罗家德　梁肖月　著

社会科学文献出版社
SOCIAL SCIENCES ACADEMIC PRESS (CHINA)

致谢

特别感谢王本壮与曾纪平提供了重要的社区营造见解，并同意将其演讲稿整理出来，整合成书中部分内容。对于他们贡献的部分，本书均特别标注出来，以示原创者对该知识的所有权。

特别感谢提供两岸社区营造案例的卢思岳、廖嘉展、颜新珠、杨团、王光旭、范杰臣、徐晓菁、阿甘（吴楠）、刘飞、杨金惠等老师。有了这些鲜活的案例，才使得本书中陈述的社区营造理论架构有了血肉，有了理论与实务的相互印证，本书才有了实务上的意义。他们在社区营造中开创性的工作经验，是启发后来者建构理论、发展实务的宝库。

另外，感谢润稿及校稿的梁润滢和刘璐同学。因为她们的用心、细心，书中很多整理自作者演讲稿的内容才变得流畅可读。

社区营造——改依靠输血为自我造血的社区

什么是社区营造？我以为其定义就是一个社区的自组织过程，提升社区内的社群社会资本，以达成自治理的目的。

现在我们常常喊社会管理创新，喊社会建设，但如何才能把社会建设落到实处？就是要让民间产生很多自组织小团体，使其既能够自我治理，自己解决很多社会问题，又能在大集体中和谐共存，协商解决矛盾。其中社区是最重要的自治理小团体，我们的社区自组织研究旨在提供将社会建设落到实处的方法。

我们今天看到的许多社会问题在20世纪的各国都曾发生，英国、美国、日本等，凡是经历了现代化、全球化、城市化和市场化的国家，都走过和中国今天同样的社会转型之路。这让我们发觉工业时代的管理手段解决不了复杂社会的问题，那么这些国家是怎么走出来的？

20世纪90年代中国台湾也面临这样的社会转型，我以为有两个最重要的社会建设帮助了转型。一是职业社群的自治理，如开展教授学术伦理、律师法治伦理、医生医德、媒体新闻伦理等一系列职业社群自我改良运动。另一个就是社区营造运动，使基层百姓学习如何自治理、自组织以解决问题，通过民主协商实现多元包容、和谐相处。这个运动影响了台湾大部分人，也对台湾政治和社会发展起到了非常关键的作用。

社区营造就是要通过政府诱导、民间自发、NGO帮扶，使社区自组织、自治理，帮助解决社会福利、经济发展、社会和谐的问题。

首先，现代社区有大量的对养老、育幼、抚残、儿童教育、青少年辅导、终身学习的需求，政府能做的是"保底"，一碗水端平地保障每个人最基本的需求；NGO专业，但杯水车薪，不足以涵盖整个社会的需求。所以能提供这些社会福利的正是社区自身，最关心孩子的是他们自己的父母，最关心老人的是他们自己的儿女，让他们走出家门，结合起来，一起提供这些福利"产品"，这是社区营造的第一要务。

其次，乡村的社区营造更在很多地方发展出后现代的小农经济，注重文化多样性、社区生活重建、生态保育等几个方面，发展品牌农业、特色农业、观光农业、食材特供基地、休闲旅游、深度旅游等。这帮助拉近城乡间的差距，在部分地区解决了乡村空心化的问题，为新城镇化找到城乡平衡发展的道路。我们现在习惯把"三农"问题称为问题，但其实恰恰相反，"三农"不是问题，"三农"才是未来产业发展的重大宝库。

再次，社区营造的另一个重点是它可以保存中华文化基因的多样性，只有社区保留了，新生了，多元多样的中华文化才有实质的内容，而不是博物馆中的摆设。政府与商业主导的开发常常把社区连根拔起，连带拔起的是许多孕育几百年甚至千年的文化。我们如果把社区营造这个维度加进去，社会应用自有的管理与组织抵御商业对本地固有生活的侵蚀，中华文化基因多样性才能被保存，我们的文化创意产业才会有根基。

最后，也是最重要的，道德复兴不是通过喊喊口号或道德说教就能得到的，只有在小团体的声誉机制及监督机制中，道德原则化成不同群体的非正式规范，在自治社群内的日常生活里，人们相互监督又相互惕厉，现代生活的伦理才能落地。

  一个和谐社会的建立需要解决众多的民生问题，缩小城乡的收入差距，保持和而不同的多样性，建设符合现代生活的伦理，这些就是每一个社会转型过程中，社区营造是那么重要的原因。

罗家德笔于清华园

寄语序言——对台湾社区营造的一点社会学分析

清华大学社会学系获得台湾的信义房屋周俊吉理事长的支持成立了社区营造中心，同时，有意将台湾的社区营造经验整理出来供大陆参考，由社会科学文献出版社出版。社区营造的经验是台湾这些年来最值得讨论的关于空间与社会、专业与政治的课题，值得写几句话作为大陆与台湾互动的寄语。

就一个发展中社会而言，在欧美20世纪60年代社会运动的历史脉络中形成的社区设计（community design）原来是没有在中国台湾实践的历史条件的，社区营造政策在台湾的建构有特定的政治时空。李登辉在任时需要草根社会的支持力量来获得政治上的正当性，当时的"文建会"副主委陈其南所主导推动的"社区总体营造"政策遂取得了政治的空间来面对民主化过程中所释放的社会力量，或者说台湾当局必须以政策来面对已经动员了的社会。一方面，这种由上而下的社区营造政策的执行过程对当时台湾发生的社区运动有收编的效果与官僚机构执行形式化的后遗症。另一方面，台湾的草根社区也终究有机会参与地方环境改善的决策过程。社区营造，其实就是社区培力（community empowerment）。

对于台湾而言，社区营造可以提供资源，作为收编社区动员的手段，具有交换地方治理的正当性。这时，对台湾草根社区的考验，就在于如何处理社会与政权的关系，会不会以政治上的忠诚，交换选票或是资源，而这个过程经常继续复制的是父权文化的不平等关系。

所以，对台湾而言，关键在于社区动员与社区培力的过程中，如何有机会建构社区的主体性，知道草根社区自己的位置与角色，避免政治收编，也避免社区内部因单方面竞争资源而造成的分裂。这是市民社会建构的必要过程，提供了社区参与的机会与折冲斡旋的政治空间，这就是参与式规划与设计的过程。也因此，公共空间的营造特别值得分析。

对于空间规划与设计相关的专业者而言，社区营造提供了一种社会学习的机会，脱离现代学院的封闭围墙与现代设计专业上的形式主义陷阱。专业者与民间社会互动，得以回到历史的中心。社区营造过程中的社会建筑，有助于市民社会的形成。

台湾大学建筑与城乡研究所名誉教授夏铸九

2013 年 5 月于河南嵩山会善寺

目录

第一章 社区营造的理论基础——自组织治理模式 / 1
一 作为一种专业的社区营造 / 1
二 社区自组织的案例 / 4
三 什么是自组织？ / 16
四 层级与市场之外 / 23
五 自组织的运作机制 / 29
六 本章结论 / 38

第二章 社区社造化——自组织过程 / 44
一 自组织过程理论 / 45
二 如何使自组织运行 / 59
附录 2-1 石冈人的故事——社区认同该如何建立？ / 84
附录 2-2 桃米村的崛起——超级大树的成长历程 / 87

第三章 组织社造化——社造工作流程 / 96
一 社区资源与需求调查 / 96
二 社区营造培训 / 103
三 微公益创投——找出能人与社区自组织 / 113
四 培育社区自组织——引导社区自组织的发展 / 122
五 组织评估 / 126
附录 3-1 五十个切入社区营造的方法 / 127

第四章　行政社造化——建立多元协商与治理机制 / 148
　　一　政策 / 148
　　二　政社协商 / 153
　　三　评估——聚焦组织培育 / 161
　　四　小结 / 171
　　附录4-1　评估方法——台湾经验 / 171
　　附录4-2　《关于改革社会组织管理制度促进社会组织健康有序发展的意见》（节录）/ 182
　　附录4-3　中共中央办公厅、国务院办公厅印发《关于加强城乡社区协商的意见》（全文）/ 183
　　附录4-4　成都市民政局《关于开展城乡社区可持续总体营造行动的通知》（全文）/ 189

参考文献 / 196

第一章

社区营造的理论基础
——自组织治理模式*

一 作为一种专业的社区营造

关于"社区营造",笔者给出一个简单的定义,就是政府引导、民间自发、社会组织帮扶,使社区居民自组织、自治理、自发展,共同解决社区所面对的公共议题。

相关概念最早出现在1930年代的英国——第一个走出工业化时代的社会。所以在20世纪30年代,英国产生了第二故乡运动。在美国出现过一个叫community revitalization,或叫neighbor organizing(邻里组织)的运动;在台湾将其译作"社区营造";而到了香港则直译作"社区活化"。

为了统一译名,本书统称community revitalization 或 neighbor organizing

---

* 本书中自组织理论的内容主要摘自:罗家德(2010),罗家德、叶勇助(2007);罗家德(2010)。

为社区营造。

大陆一直有社区建设的概念,还有从学术界的治理理论出发,提出社区治理的概念。本书从专业建设的角度,提出社区营造的概念,并从治理理论入手,去解析这个专业的理论与实务。一个社区要得到善治,要做方方面面的工作,所以专业从业者,包括物业公司主管,市区县民政、住建、社工部门干部,街镇领导,以及枢纽型社会组织负责人,也要懂方方面面的专业知识。因为社区善治早已不限于某一个地理界限之中,也早已超越了由上而下的基层政权的管理,更涉及社区居民由下而上的自组织,社区公共事务的集体协商决策、空间的共同规划、社区生活的共同塑造,社区特色的营造与社区认同的培育,社区经济、文化、商业等方方面面的发展,尤其在全球化、信息化的冲击下,智能化的城市与家居生活将对社区善治提出更大的挑战。所以,相关专业知识荦荦大端,主要包括以下几个维度。

1. 社区制度环境维度
   (1) 中国的城市化与社会问题
   (2) 社区营造理论与实践
   (3) 社会政策分析
   (4) 大数据分析与社会治理
2. 社区软件环境维度
   (1) 社区社会工作的理论与实践

> （2）组织管理与社区自组织培育
> （3）文化创意与社区产业发展
> （4）市场治理、社区创业与社会企业
> 3. 社区硬件环境维度
> （1）城市规划原理
> （2）社区营造与设计概论
> （3）建筑与空间设计
> （4）参与式规划理论与实务

所有这些专业知识的核心，无论是社区善治所需要的居民参与协商，还是社区服务的共同分担，抑或是社区硬件的共同规划，都需要一个共同的基础——社区居民从原子化的状态自组织起来，走出家门，将住房的小区共同营造成人际联结的社区，一起建立大家理想中的家园。

社区营造是一门专业，提供了专业技能，以促成社区善治。其核心的理论来源是治理理论（governance theory），尤其是社区自组织（self-organization）的理论与实务。社区营造概念的提出，是针对专业发展而言的，尤其是希望培育出很多社区营造师，帮助各类社区进入善治之境。它是建立在社区自组织之上的，"社区自组织+空间规划"就有了居民参与规划；"社区自组织+社区文化"会产生社区文化创意，甚至可以发展成为文创园区；"社区自组织+社会工作"能产生养老、育幼、青少年辅导等社区福利;"社区自组织+教育"会带来社区大学等终身学习机制;"社区自组织+物业管理"可以极大地提高物业管理的效率与满意度,也会增强居民的公共事务参与;"社区自组织+人、文、地、产、景的产业应用"就有了社区可持续性经济发展;"社区自组织+大数据"更能带来社区治理所需的诸多信息,是社区善治的必要方法。

因此,本书从"社区自组织+"的概念出发,首先探讨的是社区自组织的来源、内涵和理论基础。

二 社区自组织的案例

社区营造(community revitalization 或 neighbor organizing)运动的目的,即创造社区自组织的良好培育环境。它有其自己的时代背景和时代特征:在工业时代,城市里都是工厂的工人、公司的白领,他们过着标准化的生活,生产着标准化的产品,进行着一模一样的消费,住在完全没有个性化的城市中,以致大家都变成了原子化的个体。工业时代成为历史,后现代来临,紧接着进入信息化社会,人们开始追求自己的个性、追求不同的生活方式、追求差异化的消费,而且人与人之间在互联网时代,因为各种互联——实体互联、互联网互联、移动互联,形成了社区互联、行业及职业互联、兴趣互联,于是就形成了社群。从前是原子化,现在则是社群化,开始有很多的社区邻里街坊要重新整合。有各式各样的兴趣社群出现,或虚拟或实体地把人重新凝聚在一起。马克思曾经批判异化,但现在很多人异化成为城市中的浮萍,异化成为"北漂",他们是漂在大都市的人。而社区营造运动的兴起,正是希望每个人在新居住地找到根,找到"第二故乡",找到自己的归属感,找到自己在社群中的认同感,找到大家因为互联而形成的各种生命共同体。

这种社群是由下而上的层层自组织,由小社群逐步成为更大的社群,就形成了我们所讲的复杂系统。它变成了时代特色,这也就是在经过了工业化高峰后的社会,我们将信息时代视为复杂社会的原因所在。

社区营造的目的就是提出一套专业的方法,使社区能够自组织、自治理、自发展。我们将村落与社区视为自治单位,传统意义上就一直在强调社区营造的精神。

每一个社区都存在诸多问题,大妈跳广场舞吵到邻里,就会有人抗议;家长在外上班,孩子下课后在外头闲逛,变成"钥匙儿童";等等。社区营造的目的就是集合社区志愿者之力,提供给小孩上自习的地方,帮社区解决这种类型的问题,甚至成人会有社区继续教育,妇女会有"妈妈教室",老人会有"老人大学",等等。

但"妈妈教室"不只是目的,更是手段。妈妈们最喜欢讨论的就是孩子的事情,那么就可以集合大家的力量一起讨论,一起解决大家的问题。这群妈妈很有可能就成了志愿者,为社区做儿童图书角、青少年剧场,合力解决社区育幼的问题。这些与人们生活息息相关的事情,都是社区居民最关心、最希望解决的问题。社区可以有一个公共空间，有一个公共的"社区协会"（正式登记的社区自组织），让大家来一起自我解决民生问题，可以帮助政府解决在促进经济发展和构建社会和谐过程中遇到的种种问题，从而为社区居民提供更多的社会福利。

简单来讲，知名管理学大师彼得·杜鲁克（Peter Druckers，1993）所称的现代政府，为了适应工业社会的治理模式，发展成万能政府、保姆政府。由于管理的内容过于庞杂，在经历了后现代社会向信息化社会的转变之后，财政呈现入不敷出的状态，比如，欧洲南部很多国家的社会保障、社会福利发放过度，导致财政处于破产边缘。鉴于此，在解决民生问题方面，既不能完全依赖政府，也不能完全靠市场的力量。一旦市场掌握了教育、医疗与住房，它们就会变成我们的三座大山，产生民生的重大难题。基于以上情况，我们应该主要依靠社会力量来解决这种民生问题。

在这里举两个案例，就可以对社区营造有一个更深刻的理解。第一个案例发生在2008年，汶川大地震之后，笔者带领清华大学可持续性乡村重建团队（以下简称"清华团队"）去救灾。在救灾的过程中，我们发动当地村民用社区营造的方法进行重建。我们团队给当地一个村子提供了九十多万元的钢材，由于给当地带来了资源，因此颇受当地政府和村民的欢迎。

清华团队在11个村子中进行考察，最后选中了云村［详细故事可以参考《云村重建纪事》（罗家德、孙瑜、楚燕，2014）］。我们提出了一个要求，社区一定要用自己的力量重建，不能到外面找包工

第一章 社区营造的理论基础——自组织治理模式

队。在居民救灾政策中,政府给每一户补贴 2 万元,提供贷款 2 万元,但是前提是村民不能够整个统筹统包,或者是自己找包工头来包工。他们同意了这一前提要求。经过前期对当地情况的基础调研,清华团队认为这个村子社区社会资本发达,事实也证明这是一个很不错的选择,村民很有自组织能力,所以后来做得很好。通过图 1-1 可以看到,在施工过程中,所有底下拉钢架的人都不是外面的工人,而是本地村民。

图 1-1 村民组成的钢架队立房梁的实况

和其他地方工程队都是用大吊车吊钢架的情况不同,云村的村民们能够自组织起来,组成了一个叫"十八罗汉"的钢架队。他们做钢架时,全村的人都会来帮忙。云村的村民发挥了极大的能动性。

中国农民的智慧不容小觑。他们居然发明了用一棵大树绑一个绞盘，拉上一条铁绳索，用拖拉机就拉起钢架的办法。很多人在旁边拉的同时，十八罗汉钢架队迅速爬上去栓螺丝。专业工程队用大吊车，需要三天才能架起一栋四连排的房子，而村民靠着拖拉机和齐心协力，以及"十八罗汉"在钢架上飞来飞去，竟然也可以三天组合四座房的钢架。

村里有几个不同的重要姓氏，各姓氏派了代表组成协会，带领大家一起集资，一起去买屋顶，一起去买门窗。为了避免有弊案，他们发明了管账、管卡、管钱分离的制度。在这里，能看到农民的智慧。整个过程都能看到云村的村民参与重建的积极性，男女老少都以自己的方式主动参与其中。在这一过程中，体现出了社区社会资本的重要性[①]。

一般而言，社区社会资本是用来衡量一个社区合作力量强弱的良好方法。它包括了关系维度、结构维度与认知维度三类社会资本。好的关系指的是村民间关系强度强；好的结构指的是村民关系网密度高、无分裂、边缘人少；好的认知指的是村民的社区归属感强，村民间相互信任程度高，邻里亲密感强。社区社会资本高，社区内居民的合作意愿就强，最终会体现出很强的自组织能力。

---

① 关于社区社会资本的理论，详见罗家德、帅满、方震平、刘济帆合著的《灾后重建纪事》，以及相关的多篇论文：罗家德、帅满、杨鲲昊（2017），罗家德、邹亚琦（2015），罗家德、秦朗、方震平（2014），以及罗家德、方震平（2013；2014）。

第一章 社区营造的理论基础——自组织治理模式

图 1-2 重建好的云村全村鸟瞰

在重建过程中，村里的乡规民俗也发挥着自治理的功能。在砌石头、拉钢架、做屋顶的时候，被我们称为"社会弱势群体"的老弱妇孺能做什么呢？我们本能的反应，会认为他们无事可做。然而，在这个社区有换工的传统，哪怕你在外边端茶倒水也可以，甚至小孩子拿一个小铁锤敲石块、拉绳子都算小工。换工传统制定了一系列换工的乡规民俗，大工（砌石之类）换大工、小工换小工、小工以一定比例换大工。这一系列的换工方式，使得自组织盖房十分顺利，最后也很成功。阿坝州是地震的核心区、最重灾区，该村得到了阿坝州重建成果的第二名。

清华团队基于当时在云村做的田野记录，创作了一本书，叫《云村重建纪事》。在此基础上，加上研究团队把它用来和其他七八个案例作比较，研究出了自组织过程的一个理论架构。这些内容将在下一章中介绍。自组织的过程是社区营造的核心。

整个过程有哭有笑、有血有泪。有的时候，大家合作非常愉快，热火朝天；有的时候，大家又吵成一团。还有一段时间，竟然连村中能人，其实就是他们的村支书，带头做自建房屋的事情，却得不到大家的信任，导致谣言满天飞。最后他们发现，清华团队作为外来能人，白白给他们钢材，比较值得信任，因此要求我们做仲裁人，调和村民与村支书的矛盾。在这一过程中，只有干预式田野调查的研究方法，才能让我们的研究团队记录下这么多的自组织运作过程。这就是学者下到社区亲身参与社区实验的研究意义。

有的时候，村民热火朝天，重建的速度非常快；有的时候，又为了门窗的问题吵闹，导致进度变得很慢。但到了2009年7月，当每家每户的房子都盖得差不多的时候，政府由上而下的管控方式和自组织之间的冲突就发生了，为什么？政府是很支持合作建房的，与我们合作也很愉快。但是忽然之间出现了一个难题，四川省提出"三年重建、两年完成"。领导来视察，发现这个村子有故事。第一是轻钢房耐震。第二是清华团队在这里，形象不错。第三是村子有文化特色，是羌民族村落。第四是民间自组织的重建，展现了众志成城的意志。所以云村被选为"三年重建、两年完成"的代表。落成典礼选在10月1日，实际上三年任务是一年半完成的。

村民盖自己的房子兴趣很大，但外围环境谁来管？这时，路没

第一章　社区营造的理论基础——自组织治理模式　●●●

有铺，下水道没有修，连河堤都没有建。这些事情谁来做？因为这些是公共建设，所以最初的想法是政府出钱，民间再自组织来实施。但是，政府出钱或是组织居民包工来执行，已经来不及了。于是从7月开始，完全由外面包工队进驻，迅速完成。

图 1-3　9月初的云村

图 1-3是9月初的云村，基础建设已经迅速完成，但绿化还没有做好。在政府雇来的外来包工队日夜赶工下，外地面、排水设施基本完成，道路铺平了，但是绿化还没有完成。灾区的硬体重建，中国做得非常好，不像日本阪神大地震、美国的卡翠娜飓风那样，七八年之后还有人住在板房里。在云村，三四年之内就能完成重建，农村两三年左右就可以完成，板房全拆了。所以在硬体建设上，我们用了非常适合中国国情的方法，除了中央、地方、军队，还有与灾区配对扶持

11

的县，工作做得很到位。相比在卡翠娜飓风中，美国做得比日本还糟糕。因为10月1日要献礼，还有一些国际捐款单位的人来参加，于是就决定在9月28日办落成典礼。

因为要举办落成典礼，所以动用政府的力量绿化，将大树从外面移植过来，立刻栽下去，十几天就花木扶疏，效果立见。清华团队持续做研究，一年之后继续做社区产业辅导；两年之后，每年暑假还会有团队去做一些儿童教育，同时做一些后续观察。一年之后，看到的是村子里到处都是标语，每一户负责管理公共区域的具体范围，同时还记录着检查结果。我们通过观察发现，村民会维护自己花工夫和心思建的区域，对那些无偿得到的资源，大家却不会爱惜。

另一个案例是，台湾联合大学王本壮教授应桃园地方政府的邀请，参加了桃园市中圣里、中泰里的社区绿化项目，并拟定了一个三年期计划。第一年叫作社区启动，第二年叫作社区推动，第三年才叫社区行动。绿化就是几盆花、几盆草的事情，怎么会用三年？我们经常看到，在很多地方，一听到有领导要来，就开始搞绿化工作，让街道办买一大堆盆栽，然后让各家各户派人来领。这些盆栽往往是放了一段时间后就没人管了，或者是没人定期浇水就死了，总体来看收效甚微。

三年期计划的绿化项目，第一年是培训，第二年开始召集大家做规划，第三年才开始行动。规划的过程中，让社区居民参与，把社区中所有该做的事情，通过协商的方式确定下来，之后开始行动。在这一过程中，真正的核心价值在哪里？就是社区居民行为方式的

第一章 社区营造的理论基础——自组织治理模式

转变。社区营造就是营造新的人，是改变人的一个方式，营造出愿意参与公共事务、具有真正公德心的新人，所以社区营造的核心是营造人。

第三年的行动结果其实非常简单。在图1-4中的第一行，左边没花没草，右边显示已经种上了花草；第二行中，本来空空荡荡的走廊，如今放了许多盆栽；第三行中，本来十分脏乱的小角落，搭起了一座屋角小花园。这是三年成果，在很多人看来，这不过是花匠十几天就可以完成的工作，却为此花费了三年的时间，不禁有人会思考，这样做值得吗？

图1-4 "社区公共空间"绿色通道

笔者在这里想表达的是，绿化工作本身很重要，但更重要的是，真正的行动来自外来干预之外，真正的改变发生在这些外来能人离开之后，社区团队的行为。考验一个社区的社造是成功还是失败，有一个非常关键的标准，即外来的能人不管做多少事，辅导多少社区自组织，带领社区做多少项目，他们走了之后，社区居民是否能持续下去。同样的，基层官员不管做多少事，辅导多少社区自组织，带领社区做多少项目，如果基层政府不推动，社区居民还会主动做事吗？

中圣里、中泰里居民因为有了环保意识，才开始厨余堆肥；因为有了环保意识，才开始雨水储留。因为观念改变了，自组织的意识促成更多行动的发生、发展。有第一个行动，就会有第二个行动，有两个行动，就会有更多行动。甚至很多案例中都可以看到，从一类行动衍生出其他类的公益行动，一群人从环保到发展养老协会、终身教育协会等，一起来解决社区当中方方面面的问题。

如彼得·德鲁克所言，现代化、工业化社会中产生的保姆式政府、万能型政府、由上而下的层级治理模式，已经无法适应信息时代的复杂社会。人与人因为移动互联、社区互联、互联网互联，形成各式各样的社群，自组织出形形色色的活动。自组织在这个时代中处处可见，从朋友圈子到各类协会，在企业内有自我导向团队、内部创业团队；企业之外有产业生态圈、平台型组织。社会上，从下而上层层自组织出具有行动力和自我发展能力的社区或社群，如职业社群、行业社群与网络社群等，它们自组织、自治理、自发展，以自我解决多种多样的民生问题。

第一章 **社区营造的理论基础**——自组织治理模式

图 1-5 "社区半公共空间"厨余落叶堆肥

对地方政府或枢纽型社会组织而言，在还没逐步放手的时候，讲社区营造是成功还是失败，都为时尚早。作为一个外来能人，可能辛辛苦苦工作了三年，但社区并没有改变"等、靠、要"的心态，反而会依赖上你。一旦你离开了这个社区，社区就又恢复到死气沉沉的状态了。做社区营造，是希望当真正的外来能人撤离之后，社区不再需要政府去管控，比如写上标牌，由谁负责、由谁管理，每天监督，谁拿三颗星佳奖，谁只拿到一颗星，谁要被惩罚，而是社区居民能够自发地行动。真正的社区营造要做的是改变人，从外来的"输血"，变成自我的"造血"，社区居民自己会主动把一片空地变成大家的花园。这就是社区营造的意义。

15

三 什么是自组织?

社区营造的核心内涵在于社区的自组织,那么,什么是自组织?自组织而来的复杂系统,对我们的社会和社区治理到底代表了什么意思?

和自组织的概念相对的就是他组织。他组织指的是由一个权力主体指定一群人组织起来,以完成一项被赋予的任务。自组织(self organization)则是一群人基于自愿的原则主动结合在一起,具有以下特点:一是一群人基于关系与信任而自愿地结合;二是结合的群体产生集体行动的需要;三是为了管理集体行动而自定规则、自我管理。

这一概念在管理学中经常用的词是网络(network)(Powell,1990),这是指一群自组织结合成整个价值链时,形成网络的结构。在社会学中却经常使用社区或社群(community),笔者则称之为"自组织",以统称这一概念。

自组织的概念最初并不来自社会科学,而是热力学中的概念。普利高津研究系统的耗散结构(Prigogine,1955)首发其凡。随后,德国人哈肯(Haken,1983;2004)研究激光理论,是协同学的创始人,研究的也是相关议题。继之,自组织研究在生物进化、生态学、脑神经医学等领域都已经取得了很多进展。诺贝尔经济学奖得主艾罗和诺贝尔物理奖得主安德森、葛尔曼一起合作成立的圣塔菲研究院(Institute of Santa Fe),主要研究的就是复杂系统,尤其是自组织的现象。

同样的自组织与结构化现象也出现在社会、经济之中。华兹与史楚盖兹（Watts and Strogatz，1998；Watts，2003）这两位物理学家，一直在研究晚上青蛙的叫声为什么最后会变成和声，为什么萤火虫会一起发光。在苦思不得后，华兹忽然一改方向，想起米尔格兰的实验。结果他们研究发现，青蛙叫声的互动网络与人际互动网络十分相似，都是米尔格兰（Milgram，1967）所谓的"六度连结的小世界"。他们把成果发表在最有地位的科学期刊《自然》（Watts and Strogatz，1998）上，以及《美国社会学期刊》（Watts，1999）上，最终引爆了复杂网络在社会科学研究中的热潮。

格兰诺维特（Granovetter，1985）所说的"低度社会化观点"，就好似水蒸气状态。每一个人都是自由分子，在空间中随机运动，踫上任何人都可以产生互动。"过度社会化观点"又类似固态的冰，所有动能都不见了。没有能动性的个人只有非常有限的自由，在场力形成的铁栅栏内处处受制。而我们实际的社会却是在这些不同状态中不断转变，大多数的情况是大家既受场力的束缚，又有能动性，更可以集合起来，也就是自组织出一些固定的结构。

2009年的诺贝尔经济学奖由威廉姆森（Williamson）和奥斯特罗姆（Ostrom）两人共同获得。威廉姆森和奥斯特罗姆研究的都是治理理论，前者（Williamson，1985；1996）探讨的是治理的外在环境如何影响治理机制的选择，但他同时提出了网络也是一种治理机制，这印证了后者提出的一种崭新的公共财产的治理方式——自我治理（self-governance）（Ostrom，1990；Ostrom，et al.，1994），也就是笔者在本书中谈的自组织。

所以说，自组织有两个特性：一是它是复杂系统的重要组成部分；二是它是一种新式的治理机制。

社区营造运动发生在一个很重要的社会转型期。这个转型期的一个关键标志，就是经过了工业化的高峰阶段，进入了新的发展阶段，有人称之为后现代社会、后工业化社会、第三次浪潮。这是全世界先进社会都曾发生过的一个现象，用现在的概念表述是信息社会，而做复杂网络和复杂系统研究的人则将其称为复杂社会。不管怎么称呼，一个重要的特征就是后工业化。一个社会如果被称为后工业化社会，它的一个标志性特征，就是工业化已经达到了最高峰，以至于开始进入了一个以服务业为主的时代。

但是用后现代和后工业化社会来描述，多多少少有一点过渡的意味，那到底未来是什么样的社会？有人叫信息社会，也有人叫网络社会。卡斯特尔（Castell，1996）在其著作《网络社会的崛起》中指出，在后工业时代有两种模式，一个叫英美模式，一个叫德日模式。英美模式的特色就是服务业大量发展，工业占比大概降低到20%或更少。德日模式是工业化达到了最高峰之后，工业的占比不会降低太多，日本和德国的工业，能占国内生产总值的40%以上，服务业变得越来越重要，占比在50%以上，工业则走上了高度精密的道路。

这些年，我国的工业产业占GDP比重也达到了最高值，无法继续增长，而服务业越来越重要，占比超过了五成，我们的发展也达到了这一步。和我国未来发展道路紧密相关的事情，就是十八大以后颁布的社会政策。简单来讲，十八大以前，我们总在讲一句话："政府的归

第一章 社区营造的理论基础——自组织治理模式

政府，市场的归市场。"以前都是在谈经济怎么发展，市场怎么发展，怎样将政府的归政府，市场的归市场。但在十八大之后，国家出台了一系列的政策，谈到了社会要如何发展。社会这一主体被凸显出来了。十八届三中全会之后，更出现了一系列落实下来的政策，比如四类社会组织自由登记，鼓励社区社会组织的发展与社区协商。在十九大之前的几个月，中共中央、国务院发布了《关于加强和完善城乡社区治理的意见》，中共中央办公厅、国务院办公厅印发了《关于加强乡镇政府服务能力建设的意见》，足见中央政府对它的重视（相关讨论详见本书第四章）。

为什么到了今天，人们都在讨论整个社会的转型，讨论社会治理要创新的问题，讨论我们转型之后要变成什么样。以至于我们有一系列各式各样的政策出台，鼓励社会组织的发展。

不管我们将来是英美模式还是德日模式，社会治理创新的提出，说明我国也走入了后工业的时代。最早走到这一步的是谁？是英国，在二战前后；紧接着是美国，在1960年；之后是日本，在20世纪70年代走到这一步；紧随其后的是1990年"亚洲四小龙"中的中国台湾、中国香港、韩国等。经过30多年改革开放，中国大陆也走到了这一步，也就是今天看到的社会大背景，这也是出台了这么多社会政策，一直在讲社会治理创新的原因。

信息社会、网络社会，意味着这是一个人人互联、层层互联的社会。这样的结构也是复杂系统的结构，所以也被称为复杂社会，呼唤着复杂系统与复杂组织的治理思维（Perrow，1992）。此时此刻，"互联网+"高唱入云之际，也有人将其称为"互联网思维"。其实，互联网思维只是复杂思维在这个时代节点上的一个特色而已。

复杂思维（罗家德，2017）跟我们所讲的社会治理创新，以及这本书所讲的社区治理到底有什么关系呢？简单来讲，第一，复杂思维是反化约主义（reductionism）的；第二，它强调整体思维（holistic thinking）；第三，它分析结构与行动的共同演化系统（co-evolution of behavior and structure）（Padgett and Powell，2012）。

复杂的定义是什么？就是一个系统，可以大到从国家、经济体、社会，中间到一个城市、大型组织，小到一个社群、社区，系统中除了有行动者的行动之外，还有行动者之间的连接，以及因为连接而形成的社会网结构。过去的研究中，我们主要考虑的都是系统中的个人行动及个人行为的演化，这是大多数社会学、管理学、公共管理学、传媒学的学者主要在研究的主题。但是过去的研究忽略了系统中还有另外一件事，就是人与人之间的关系形成的社会网，而这个网的结构也在演化。研究者除了考虑个人的行为外，还要考虑复杂系统中的社会连接。

复杂系统来自自组织，人与人自组织的层层连结形成了复杂系统。自组织是解释复杂系统的关键。

复杂系统理论不但会改造未来的治理模式，它也在创造一次学术界的范式移转。它正成为一门跨学科的新兴研究范式，包括了计算机学家、物理学家、生态学家、脑神经医学家、人工智能学者、传媒学家、管理学家和社会学家，整合了大数据分析、系统模型和动态网络演化研究。

第一章　社区营造的理论基础——自组织治理模式

"阿尔法狗"（Alpha Go）就是这个新兴学科的最佳典范，它是人工智能的最新成就，是模拟人脑创造出来的。在围棋上打败了柯洁、李世石，可谓"天下无敌手"了，是脑神经医学的重大研究成果。人脑就是一个自组织出来的复杂系统。人脑可以复杂到六层自组织结构，除了脑细胞（它的作用如同社会中个体的行动），还有脑和脑之间连接的神经突触（在社会中就像是人际关系网络及其结构），所以说脑是一个复杂系统。脑的基本功能会形成很多的连接，比如，心理学曾经有巴甫洛夫狗的实验，研究制约反应的实验，在不断的刺激下，某几个脑神经元就组成了一个反射机制，神经突触特别明显地连结在一起。在狗的实验中，不断用肉引诱它，然后在食物中通电，就诱发了它看到肉时焦躁的行为反应。笔者读大学心理学时，老师举了一个例子，一个人之前是喝酒才会醉，后来被制约成看到酒壶就醉。他还怕老婆，最后，被制约成看到老婆做出酒壶状就醉了。这当然是一个笑话，我不知道能不能把人制约到这种程度，但这说明几个小的自组织系统也会自组织连接到一起，成为更大的一个系统。人的大脑精密的功能，比如知识、意识，就是神经元与神经突触多层自组织的结果。

人年纪越大，自组织弹性越低，成见会变深。因为大脑经过几十年的训练，自组织越来越多，会产生智慧，但也会形成制式的思维。比如我今天成为社会网研究的专家，很可能跟你看问题的方式会不一样。因为我的大脑自组织成一个结构，对一些问题有了制式的反应。相比之下，年轻人就有较大的弹性。

也有人用复杂网来研究生命缘起的问题。简单来讲，就是一大堆分子连结起来，连结到最后，忽然之间被"上帝吹了一口气"，变成了有生命的机体。这种现象叫"涌现"（emergence），就像蝴蝶效应"涌现"出一个原来意想不到的新形式；又比如神经元靠神经突触连结，最后涌现出了意识、思想。连结、自组织、复杂系统、演化与涌现，构成了复杂思维的基本概念。

社会也是一个复杂系统，应用这个复杂思维去思考今天的信息时代，就成了互联网思维。在信息时代的商业环境中，流行的平台组织或产业生态系统等，都是自组织出来的。"阿里巴巴"常常在讲平台战略，平台就意味着系统治理者在这个系统中是一个园丁，希望大家都是种子，在这个平台上，自我成长，自组织、自治理、自发展，自我造就。最后，种子长成小苗，小苗长成小树，小树长成大树，而平台则成为繁花似锦的花园。

《失控》（Out of Control: The New Biology of Machines, Social Systems, and the Economic World）（我认为更好的译名该是《超越控制》或《控制之外》）一书中，凯文凯利所称的"群蜂思维"，就是一种复杂思维。它有以下几个特点：一是没有强制性的中心对整个系统的控制；二是次级系统具有自治的特质；三是次级系统之间彼此高度连结。点与点之间的高度互动，会形成一个网络结构，这就是我们所讲的复杂网络。靠连结与协商可以得到一个系统的集体行动。群蜂思维指的就是没有由上而下的统一指挥，靠工蜂自组织起来的集体行动，就能产生协同工作的力量。

人类社会最大的自组织实验在欧盟，现在组织了 27 国。但目前看来岌岌可危，因为英国要退出了。所以人类自组织、自治理能力还是不够高。这 27 国内部有自己的政府，是靠民主选举产生的。最底层的自组织就是社区，一层一层向上发展，街镇、城市都是自组织上去的。但是到了欧盟这一层，发现连结变得很困难。跨国联盟、国家、地区、城镇、社群社区，都是现代复杂社会中层层自组织出来的子系统。

复杂思维之下，也会带来社会科学研究的范式移转。从研究行动到研究网络与行动，以及结构和行动的共同演化，从建立因果模型到建立系统模型，从分析性思维到整体性思维，从现在的定性、定量研究到加入大数据与动态资料的研究，从静态或比较静态研究到动态网与系统演化的研究，从线性因果到非线性"涌现"的研究。

但这到底跟本书要讲的社区营造有什么关系？和社区治理有什么关系？什么叫社区？什么叫社区治理？什么叫社区营造？自组织正是其中的关键，作为动词，是一个层层组成复杂系统的过程，所以说它是复杂系统的关键部分。但作为一个名词，它却是一种治理机制，是治理复杂系统最核心的机制。

四 层级与市场之外

社区营造背后有很深的治理理论。我们总是在讲社会治理和治理理论，和治理相关的理论其实已发展了六七十年，获得过四届诺贝尔奖，出过五个诺贝尔奖得主。但还有一些遗珠之憾，比如奥尔逊（Olson）的"搭便车理论"。这一领域未来还有可能拿奖，比如格兰诺维特（Granovetter，1985；2002）就得到预测诺奖的最佳"风向标"——引文桂冠奖。

治理理论最早可以追溯到1937年，科斯（R. H. Coase）提出了有名的"市场还是组织"的惊人一问。54年之后，他在81岁时终于拿到诺贝尔奖。他首次提出了层级（就是组织，在社会治理上，主要是指政府）和市场是两个不同的治理机制，而且可以因交易成本的大小而相互替代。科斯在其《厂商的本质》里指出，市场中的交易需要成本，即使在私产制度下，资源的运用往往无法靠市场指引，也就是由于市场内交易成本高，由厂商来替代市场，由厂商组织里的经理或监督者指导资源的运用（Coase，1993）。到了20世纪五六十年代，西蒙（Simon，1976）建立了一系列治理背后的行为理论，有限理性、机会主义行为、不确定性、信息不对称、少数交易等。他也得过奖，并提出了经济学中交易成本理论的最核心概念，建立了治理理论的基础。治理要解决的正是交易或社会交换秩序的问题，也就是要解决这些有限理性、机会主义行为、不确定性、信息不对称带来的交易无序的问题。

当然，最直接的得奖者就是2009年的两位得奖人，一位是威廉姆森（Williamson），另一位是奥斯特罗姆（Ostrom）。威廉姆森提出层级与市场这两种治理机制，到底什么时候适合市场治理，什么时候适合层级治理。换成社会治理来理解，就是什么时候适合市场，什么时候适合政府；什么事情该是政府做，什么事情该是市场做。他提出一笔交易中的资产专属性、交易次数、行为不确定性与环境不确定性，是决定交易成本的关键，进而决定了该选择哪一种治理机制。

威廉姆森（Williamson，1975）将这一交易成本概念应用于组织研究中，强调一笔交易的成本决定了一个组织会在组织内进行交易，还是在市场上进行交易。不同性质的交易会产生不同的交易成本，因此也会有不同的契约形式来加以规范。

（一）交易次数（frequency）

交易次数是影响交易方式的一个相关构面。因为在交易本身具有资产专属性时，虽然厂商有需要去整合该项资源于组织之内，但是由于是否进行整合牵涉投资成本能否回收的问题，所以交易次数的多寡对整合与否具有决定性的影响。若是交易频繁，则应该采取整合、内部化的做法；若是交易次数较少，则应该采取购于市场的交易。然而就某方面来说，当交易非常频繁，且交易的性质属于高度资产专属性时，则形成双方寡占的局面，竞租（rent seeking）及谈判协调的次数亦随之增加，进而提高了该项交易的成本。

（二）资产专属性（asset specification）

所谓的资产专属性，是指某一资产可转移给他人，并转做其他用途而不损及生产价值的程度。该程度愈高，则资产愈无专属性，我们亦可用准租（appropriable quasi-rent）概念来表示（Klein，et al.，1978），或者是指一个资产的价值取决于特定交易关系的持续程度，可持续的时间愈长，则让资产的价值愈不容易被榨取，其专属性就愈低

（Williamson，1985；Milgrom and Roberts，1990），或者是由该项投资所带来的利益很难从其他的交易关系中复制而得。这些状况的产生会形成交易双方（或交易的某一方）锁进（lock-in）特定的交易关系中（Klein, et al., 1978），避免投机行为所造成的损失，交易双方均会寻求降低资产专属性的应对措施。

威廉姆森把资产专属性分为三类：区位专属性、实物资产专属性以及人力资产专属性（1991；1994）。区位专属性（site specificity）是指生产过程具有上下游的两个厂商，为减少存货与运输成本，而将自身或彼此的厂房设置在同一区位上，或者将两个厂房予以整合。实物资产专属性（physical asset specificity）是指资产虽可以移动，但其只能用于生产某种特殊形态的产品或服务。例如，生产某种零件的特殊模具。人力资产专属性（human-asset specificity）是指部分工作技能培养不易，必须从工作中学习（learning by doing）以累积足够经验，且拥有此经验的人力资源对公司的营运相当有帮助，也不容易由新聘人员于短期内加以取代（除非向同业挖人），因而产生人力资产专属性。

另外一个值得讨论的是时间专属性（temporal specificity），是指上、中、下游一连串的生产活动中，维系流程顺畅的重要因素是时效性（timing）与协调性。如果某一环节出了问题，则其上下游的业务可能会因存货与缺料问题而停摆（不管是厂商之间或厂商内各部门之间），甚至陷入经营危机。因此每一个生产活动都必须严密掌控，尤其是关键性的工作更不能马虎。在投机行为不能免除的情况下，可能会有策略性趁火打劫（strategic holdups）的行为发生。这就是所谓的时间专属性（Masten, et al., 1991）。

资产专属性之所以重要，是因为一旦资产投资下去之后，一方面会造成交易双方的相依性，而另一方面亦会增加交易的危机（主要是投机行为所造成）。如前所述，在许多应用交易成本理论的研究方面，资产专属性常扮演相当重要的角色，因为交易双方在资产可用年限内必然会维持双方合作的关系。倘若在此期间内，契约遭到破坏，则资产提供者首先就面临着投资无法回收的困境，另一方也会因为无法找到合适的合作对象而遭受损失。因此，为了控制投机行为对资产专属性带来的伤害，就需要某些防卫（safeguards）措施（Williamson, 1985: ch. 7）。交易成本理论最基本的课题，即是用来分析如何达到满足的防卫措施（Klein, et al., 1988; Williamson, 1985; Heide and John, 1988）。可见，资产越特殊化，则交易双方越会愿意维持彼此的合作关系，甚至意图整合此一资产于组织内。

（三）环境与行为不确定性（uncertainty）

威廉姆森（Williamson, 1985）提出两种不确定性因素：参数式的不确定性（parametric uncertainty）与行为式的不确定性（behavioral uncertainty）。前者是指外部环境变动的不可预知性，主要是因有限理性所产生；后者则是因个人运用谋略的投机行为所产生。在交易越复杂、未来越不易掌握的情况下，契约越难以规范所有可能发生的情况。因此，前项的不确定便会导致偶发事件的发生，进而增加交易成本。而后项的不确定性则是在契约谈判的过程中，花费大量成本来规范对方的行为,并在事后增加监督成本,以保障自身的利益,于是交易成本增加。不确定的大小会影响投资的专属性,进而影响特定的投资保护程度。

威廉姆森认为不同性质的交易,因其交易成本的不同,需要不同形态的契约加以规范。专属性低的适用古典契约(classical contract),专属性高的适用关系式契约(Relational contract),专属性中等但偶尔交易者适用新古典契约(neoclassical contract)。新古典契约形态也适用于少数专属性高却偶尔为之的交易,专属性中等但频繁交易者也适用关系式契约。

威廉姆森进一步指出,不同契约形态都有其最适合的治理结构。所谓的治理结构(governance structure),主要是指"一种决定交易完整性的制度架构"(Williamson,1979),亦即"交易发生时所包含的明确与隐含的契约结构"(Williamson,1981)。其中应包含:①契约执行的预期方法,强调在非正式法律保护下如何确保绩效的承诺;②环境改变时的适应方法,比如调整的态度、调整的方式等;③长期规划的信息分享与合作意愿,强调面对长期不确定性或突发状况的处理准则或程序,包含了契约如何形成、协商、监督、适应、执行与终止(Palay,1984)。也就是说,这一系列治理机制(governance mechanisms)的配置,用来控制投机行为的发生,以利交易完成(Dyer,1996)。交易成本理论即是在说明,透过该项交易的特性所产生之交易成本间的比较,以此为该项交易找出最佳的治理机制的组合。

交易成本理论从经济因素的观点,来分析如何形成特定的治理机制，即利用交易成本经济化（transaction-cost-economizing）的前提假设，来认定、解释与减少交易契约的伤害性，而认为配合此交易所产生的治理机制，是有效达成交易成本经济化的最佳结果。威廉姆森（Williamson，1985）认为，古典契约需要市场治理，新古典契约需要三方治理，而专属性高的关系契约最有效的是统一治理（unified governance，亦即层级），专属性中等的关系契约最有效的是单方治理（unilateral governance）、双方治理（bilateral governance），这正是网络社会学者最常探讨的组织网络（organizational network）（Piore and Sabel，1984；Powell，1990）。

五　自组织的运作机制

（一）自组织为第三种治理模式

奥斯特罗姆提出了自治理的机制，经济学家和管理学家称这种机制为网络（network），社会学家将其称作社群（community）。第三种治理模式就把它从市场与层级中区别出来了。

包威尔（Powell，1990）明确地指出，网络不是层级和市场中的中间形态或过渡形态，而是一种新的第三种治理模式。与层级或市场相比，它具有独特的治理机制、内部运行逻辑和规则。

治理机制一直是组织研究中的重要话题。然而，之前诸多的研究，大多是探讨如何在市场与层级这两类治理机制中进行选择。如以威廉姆森为代表的交易成本学派提出，交易过程中由于人性因素和交易环境的动态影响而导致市场失灵，造成市场交易困难，进而产生极高的交易成本。交易成本的相对大小是决定治理机制形式的重要原因。威廉姆森将网络作为市场与层级的混合模式（hybrid form）。在其后，一连串的研究都指向将网络视为一种中间状态的组织（intermediate organization），而忽视以网络为特征的第三种治理模式——自组织——的存在。

包威尔在其《既非层级也非市场》（Neither Hierarchy, nor Market）（1990）一文中批判了威廉姆森的观点。他认为，网络并非一种简单的中间结构，而是包含了一个特殊的治理机制——信任关系。他开始将网络当作第三种治理机制。在网络的治理机制中，信任关系建立在相互需要的认知上，而不是权威关系或买卖关系之上。信任关系所营造的交易氛围是互惠的、开放的，而非官僚的、束缚的（如层级制），也非自由但猜疑的（如市场）。

在包威尔看来，市场的主要治理机制是信息传播、价格机制和合约，层级结构的主要治理机制是科层结构、命令系统和公司规章，而网络结构的主要治理机制就是信任关系与协商。所以网络绝对不是市场与层级的混合或市场到层级的过渡形态，而是以信任关系为核心的另一种治理机制。

这种观点在中国的管理现象中，能够找到很多实例支持，如中国人的外包行为，就是依靠网络和自组织逻辑治理的典型代表。最极端的代表则是佩鲁（Perrow，1992）说的小企业网络。中国人，尤其是台湾、浙江、广东、福建、香港，以及意大利的小企业网络则被认为是最佳典范。以台湾为例，有的小企业网络有层级结构，有的则毫无正式结构，后者以五分埔为最佳代表（柯志明，1993）。它不用合约与法律，因为它有一个固定的供应网络，所以不会到处寻价议价。更没有哪一家公司是中心厂，其他公司接受其规范，因为每一家小家庭作坊都有可能成为发包商，因此没有正式结构，更不用说正式的命令系统。它的治理机制主要是建立在信任关系之上的协商与善意合作，陈介玄（1994）称之为"拟似家人关系"，即不需要太多的合约，也不需要商业流程与命令。

格兰诺维特进一步指出，威廉姆森的理论忽视了一个重要的环节，即经济行动中存在着的信任关系。格兰诺维特（Granvetter，1985；2002）的镶嵌理论指出，任何经济行动都是镶嵌在社会网络中的。一方面，对于任何一项交易而言，基本的信任都是必需的，因为少了起码的信任，任何经济行为都不可能发生；另一方面，信任是决定交易成本的重要因素，会改变治理机制的选择。

首先，信任的存在是必需的，是制度无法取代的，可称之为"最小信任"问题（Luo and Yeh，2008）。其次，信任关系是可以在一定程度上替代制度的。

最小信任问题的提出，让我们看到了即使是市场治理与层级治理，也存在人际关系与信任在其中发挥作用。所以没有什么治理机制是单纯的市场或层级，或多或少都要混合不同的治理类型。信任关系对制度的替代，则说明了在治理机制的选择上，自组织与层级制是可以相互替代的。在不同的情境下，如之后的"治理机制的选择"一部分中所述，会有不同的"最合适"的治理机制。

格兰诺维特的分析，使得人们将关注点从制度、规章、成本计算，转移到了人与人之间的关系和信任。由于信任一方面必不可少，另一方面又能够替代制度而影响治理机制的选择。在管理的过程中就不能只片面地依赖流程、规章和制度，而要重视信任和关系的作用，也就是要在硬性的制度和软性的信任中间找好平衡。

（二）治理机制的选择

格兰诺维特的镶嵌（Embeddedness）理论（Granvetter，1985）指出，员工之间的不信任和内斗实际上增大了管理成本。信任的存在可以大大降低组织内的管理成本，从而改变对治理机制的选择。笔者引申其意为，当信任的供给充裕时，层级治理就未必是好的选择，而以信任为基础的自组织治理才是交易成本最低的选择。

笔者把他们的理论做了一个简单的总结。从图1-6中，我们可以看到，依照威廉姆森的理论，当一笔交易（或一次社会交换）交易频率高、资产专属性高、环境不确定性，以及行为不确定性都高时，用市场治理这笔交易的交易成本就非常高，不再适合市场交易，需要混合另外两种的治理方式。如何在层级与自组织之间做出选择呢？依据格兰诺维特的理论，简单地说，当一笔"交易"的供给与消费双方信任需求很强时，而信任的供给也充裕时，自组织成了最好的治理选择，层级治理则非所宜。

第一章 社区营造的理论基础——自组织治理模式

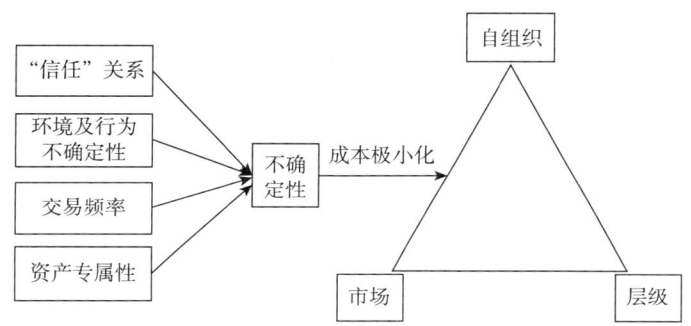

图 1-6 交易成本－镶嵌理论的治理机制模型

基于这些理论的综合，简单归类下，交易如果有下列特性，则需要双方的信任。一是行为不确定性高，很难用可观察到的评量工具收集绩效指标，尤其难以用统计数字说明绩效。二是产品是多区隔的，甚至是一对一的。这需要相对独立的团队直接面对消费者，可以随机做出决策以满足多样化的需求。三是产品是感受性的，同样的，这需要相对独立的团队直接面对消费者。四是产品是合作性的，要供给及消费双方合作，产品才能产生效用，如教育、医疗、社区治安等等。五是环境高度不确定，需要弹性随时应变。六是交易双方没有利益冲突，比如一些对赌的金融产品会破坏信任。七是信息高度不对称，所谓隔行如隔山，律师、会计师、知识产业研发人员，在专业知识方面的差距很大，消费者很难样样精通。

层级治理强调数字管理，大家要报政绩，现在成为地方政府的 GDP 导向，因为 GDP 能衡量地方经济政绩，而且是最好计量的方式。但到了信息时代复杂社会，就不能只强调经济了，人民的幸福感也很重要，尤其到了街道社区这一层。很多地方的考绩中，招商引资不重要了，社区幸福感变得愈发重要了。但是幸福感怎么衡量？因为人们在这个社区生活得很幸福，官员就该升官。那怎么证明？所以当一个计量模式不客观的时候，层级治理就失灵了。其他如一对一，感受性、合作性、环境高度不确定，需要弹性随时变更，以及交易双方有利益冲突，还有信息高度不对称的交易或交换，层级治理都变得无效了，自组织、自治理就成了最好的选择。

当由上而下的控管手段对某些形式的经济交易、社会交换控制不住的时候，而它又发生在一个信任关系较强的社群之内，社群的伦理与社群的相互监督就发挥着关键的作用，这就是自组织治理的核心功能。

当一个社群达到500人以上时，大多数的社群成员就很难直接认识其他大多数的社群成员，学术上称之为大家能在"一步距离之内可达"，也就是大多数人和大多数人直接认识。成员仅通过两步距离能到达的社群大概不超过2万人，也就是大多数人透过一个朋友就能认识到大多数的社群成员，打听到这个人可信赖的评价。两三万人以上，就变得太大了，社群会出现许多信息死角，有很多相互打听不到的陌生人。大概直接认识在500人以内的社群，或间接认识在2万人左右的社群，是可以消灭信息死角的。比如小刘来找我说："罗老师，我想找一个工作，你帮我介绍。"但是对我而言，不太熟悉她怎么办呢？于是我通过我认识的一个好朋友曹老师，也是小刘的老师，就可以问小刘好不好。专业能力比较容易测试出来，但人品好不好、学品好不好是不容易测试出来的。不过，我信任的朋友说很好，那我就放心地开始推荐了。信任是可以传递的，因为两步距离可以消灭信息死角，所以社群之内的监督是维持交易或社会交换秩序的良方。

（三）自组织的行为逻辑

西方管理学界长期以来对自组织治理机制的忽视，正是由于西方的管理思想建立在理性系统之上。西方的现代管理思想从韦伯（Max Weber）的层级制与泰勒（Taylor）的科学管理开始（Perrow，1986），是以理性管理系统为主轴，但不断以自然管理系统加以修正的思维（Scott，1998）。而中国的管理思想却刚好相反，我们总以"道法自然"的思想来看待管理法则，所以自然管理系统是主轴。与之对应的，自然系统尊重人的社会性和非理性，强调"自然而然"形成的结构与人的自主性，所以在治理机制上主要采用网络和自组织，依靠成员间自发的合作来解决遇到的问题。因此，中国人天然就更熟悉自组织治理机制。

当然，无论西方还是中国，都无法仅依靠单一治理机制完成善治，都要在各自的基础上，吸收另一机制的特性。良好的治理，常常是层级、自组织、市场三种治理机制的结合和互为补充。

上述三种治理机制，不仅是规则不同，其内部成员身份、运行逻辑、成本和权力的性质也都有所区别。

市场的秩序，如亚当·斯密所言，来自一只"看不见的手"。市场的运作是依靠自由竞争，强调的是个人主义，其运作的权力基础是个人的权利。比如房产权利归私人，就有了房屋交易市场，这在房产归集体所有时，是不可能交易的。又比如，人们开始重视并拥有肖像权，使用别人肖像就必须付费，否则就成了侵权。经济体中的成员可以在市场上进行自由交易，选择交易伙伴，遵循交易的逻辑，讲求守约的道德观。权力是分散化的，握在每个交易者的手上。市场会带来交易成本，需要理性的经济人，极小化成本，极大化个人收益，追求企业家精神，以创造交易的机会。

层级制带来的秩序，如钱德勒（Chandler，1984）在《一只看得见的手》中所说，来自"看得见的手"，其运作主要依靠层级中的服从和命令系统。成员在其中的身份是集体化的，强调集体主义，遵循权力逻辑，权力是自上而下的。如巴纳德（Barnard，1938）所言，当一个社会人进入组织之后，会被转化为组织人，能够有效地协同由上而下的意识，进行协作。所以层级制中强调的是集体主义，追求雷锋精神，使组织成员由下而上服从，贯彻由上而下的意识。层级制需要建立自上而下的一套完备科层体系，订立各种规章制度，建立工作流程，因而会产生较高的管理成本。

自组织治理的秩序则建立在一次又一次的"握手"，也就是社群成员的合作精神上，主要依靠成员间的合作运行，其内部成员身份是志愿性的，崇尚志愿者精神。社群的建立基于情感性关系——亲情、友情、邻里情，或认同性关系——共同志业、共同兴趣、共同记忆或共同价值观之上，遵循着关系逻辑，权力是自下而上组织起来的。关系和信任是自组织的重要因素，一次又一次的握手背后，有着社群成员共同的行为守则。这就是奥斯特罗姆所说的自治理机制，包括自我

第一章 社区营造的理论基础——自组织治理模式

协商、共同遵守的社群规则，但更重要的是基于一般道德建立的社群伦理，比如医生有医事伦理，学者有学术伦理，记者有媒体自律，等等。为了建立和维护关系，自组织治理会产生关系成本。

三种治理机制特点的对比，详见表1-1。

表 1-1 三种治理机制行动逻辑特点比较

	市场	自组织（社群）	层级（政府）
思想基础	个人主义	社群主义	集体主义
权利基础	个人权利	小团体自治权	大集体的暴力垄断权
人性假设	理性经济人	镶嵌于社会网的人	组织人
关系基础	交易关系	情感关系	权力关系
行为逻辑	竞争逻辑	关系逻辑	权力逻辑
道德基础	守约	社群伦理	为大我牺牲小我
秩序来源	看不见的手	礼治秩序，小团体内的道德监督	看得见的手
适合环境	低频率互动、低资产专属性、低行为及环境不确定性时	高频率互动、高资产专属性、高行为及环境不确定性时，但交换双方行为不易于观察、衡量和统计，需要双方信任时	高频率互动、高资产专属性、高行为及环境不确定性时，但交换双方行为易于观察、衡量和统计
追求目标	效率、效能	可持续性发展	集体的一致性、稳定性

六 本章结论

　　社区，是我们生活的地方，应该追寻一种创造幸福、可以持续的日常生活的逻辑。所以在维持社区交往秩序上，会更强调自组织的治理机制，基于情感性关系——亲情、友情、邻里情，以及认同性关系——共同志愿、共同记忆、共同价值，而不应该太过强调基于交易关系而有的市场治理，以及基于权力关系而有的层级治理。在一群邻里友人间都是交易与权力，实非所宜。所以，自组织是社区营造的基础。

　　正确的治理机制可以带来极大的效益，使交易成本降低很多，从而使效率大为提高。此处以养老为例，说明自组织作为一种治理机制，能为社会带来的价值。台湾台南大学公共管理学者王光旭在台湾做调查时，比较了层级机制与自组织机制下养老的效率。从图1-7可以看到，从前台湾的养老和我们今天的思维是一样的，所有的老人跟社区是没有关系的。老人不是直接面对医疗机构，就是直接面对福利机构。

　　现在很多地方的养老政策都是"3790"，即3%政府养老、7%商业养老、90%居家养老，差不多全世界都是这样的比例。因为要"鳏寡孤独废疾者，皆有所养"，这些是政府的责任。但由于政府的养老院资源有限，其素质、水平和服务的态度，都比不上商业化的养老院。而7%的商业养老，是最有钱的一群老人才会选择的养老方式。我们今天有一个非常大的认识误区，以为中国的老龄化社会来了，养老商机无限，但其实能够做到在地商业养老的人不多，市场不如想象的大。还有一种是移民养老，移民养老的缺点就是跟儿女离得太远。有一段时间，日本本土养老太贵了，于是在巴西建立了许多老人村。因为巴西的物价便宜、人工便宜，在那里整个配套搞好，就算找了巴西最好的医院和护工，东京来的中产阶级还是付得起。然而在东京本土，只有最富裕的中上阶级才享受得起东京地区的商业养老，或者日本其他地区的商业养老。中国将来会有一个趋势，就是上海老人和北京老人可以到一些山清水秀的市郊，或是大理、贵阳等地去养老，前提是把那里的医院搞好。但是很多老人不太愿意，为什么？因为离儿女太远，一年只有几次机会互相看望，除非老人的小孩子都在海外，老人才会愿意。因此，移民养老所占的比重很低。

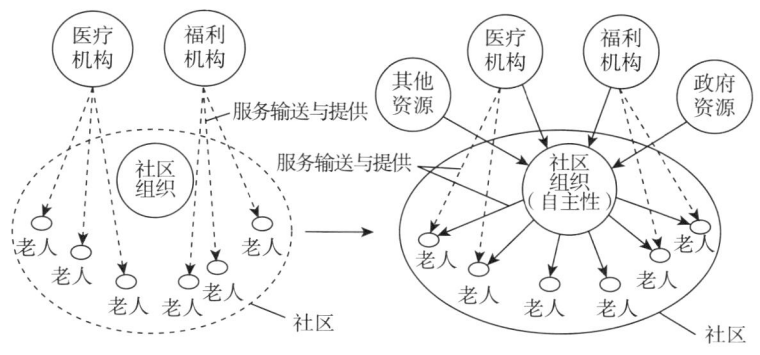

图 1-7　台湾养老思维变化

所以九成是居家养老，但往往是居家却没老可养，就是老死家中也无人问津。美国就是这样典型的社会，大家听到张爱玲竟然死在房子里没人知道，很久之后才被发现，都会大吃一惊，但其实美国很多老人都是这样，居家养老就是居家没人管。

社区营造试图让所有的居家老人直接面对社区，社区有日托中心、老人的活动场合，有送饭服务，等等，鼓励低龄老人照顾高龄老人，让老人的儿子、女儿、媳妇，有时间的就集合在一起，照顾他们。他们之间能解决互相的需要。如果一个老人总是和媳妇面对面锁在家里，久了一定互相讨厌。但让他们走出来，和一群老人在一起，这就叫作社区养老。它形成了老人服务体系中最重要的一环。根据统计，为了照顾3%的老人，台湾一年要花49亿新台币。而用来鼓励社区养老，同一年只补助了3.6亿。以台湾为例，约七成社区有了养老点。换句话说，台湾用来办养老院一年的经费，和引导、辅助社区养老的钱差了12倍。每个社区中能覆盖的老人不好评估，但七成社区有了养老服务，只用了1/13的钱，保守估计，一个社区中平均10%的居家老人受益了，其养老资金的使用效率也25倍于政府的养老院服务。如果说有更高比率的居家老人，比如20%得到满意服务，养老效率相比政府老人院的效率就有五六十倍了。

社区营造是社区养老的基础，没有良好的社区营造，社区居民都不愿意出来，养老点里根本没有人愿意当志愿者，没有人出来做服务，那就什么事情都无法办，社区养老就是空谈。所以社区营造是社区养老和居家养老的真正核心。

从威廉姆森讨论治理机制开始，自组织作为一种治理机制即被提上议程。包威尔指出，它是独立于层级与市场之外的第三种治理机制，并且这三种治理机制中，人的行动逻辑是不一样的。格兰诺维特的镶嵌理论进一步指出，任何治理机制都需要最小信任。引申而言，就是任何交易或交换的善治往往是自组织、层级、市场的混合，而不是单纯的某一种机制。公共事务的善治就是社会、政府与市场三方协力的结果。另外，格兰诺维特还指出信任与制度的替代作用，也就是不同的情境会适用不同的治理机制。会偏向何种治理类型，要看其交易性质、外在环境与信任关系而定。

随着知识经济与服务业经济的兴起，企业层级之内确实混杂了越来越多的自组织治理。如杜鲁克（Drucker，1992）提出的成本中心制度，以及晚近常见的内部创业制度和自我导向团队。同时，随着组织扁平化以及企业再造工程（Hammer，1992）的推进，企业开始倾向留下核心业务，外包其余业务。所以网络式组织（network form of organization）兴起，取代了很多垂直整合型大型层级企业。这是在产业层次上的自组织治理。

除了上述企业相关的自组织理论外，公共管理领域也有着类似的理论。奥斯特罗姆提出的"多元中心"，即是以自组织为主的治理机制。林南提出的民权、政权、社权的概念，呼应了社会学中的市场、政府与社群的概念。而明茨伯格则进一步指出，好的公共事务治理一定是在这三者之间的平衡，失衡一定会带来社会的衰败。

综合组织管理与公共管理两方面的自组织理论，我们可以看到：自组织是市场与层级之外的第三种治理机制；任何善治都应该混合层级、市场与自组织三种治理；不同情境需要不同的治理机制，会有所偏重，但亦必须有所平衡。

回看我们今天的治理理论陈述，总是在市场与政府间讨论公共管理，总是在市场与层级间讨论组织管理，都对自组织这种治理机制不够重视。这绝非善治之道，因为好的治理应该是平衡的治理。

社区营造的基本原理正是自组织治理理论。在一个社区之内营造出相互信任、相互合作的人际关系，就可以产生相互惕厉、相互监督的机制，从而克服了有限理性、机会主义行为、不确定性、信息不对称等治理问题，使集体行动可持续的同时，又带来公共效益的结果。这些集体行动正是一个社区中居民参与公共事务、集体"造血"的机制所在。

社区营造是一种专业技能，其目的不只是营造社区，更重要的是造人。通过理念的宣导、方法的辅导，最终改变的是人的行为习惯。因为人的改变，而使得自组织治理成为可能，带动了社区居民的积极性，改变了"等、靠、要"的习惯，共同参与到公共服务中来，共同解决社区的问题，消弭了有限理性、机会主义行为、不确定性、信息不对称等的治理问题。

这一过程需要一个执行社区营造的方法论。本书提出以社区社造化、组织（枢纽型社会组织）社造化以及行政社造化为三个抓手，如图1-8所示，共同促成社区中人的转变，从而带来崭新的社区治理方式。

下面，本书就以这三个抓手，分成三章，陈述社区营造从理论到实务的内容。

第一章 社区营造的理论基础——自组织治理模式

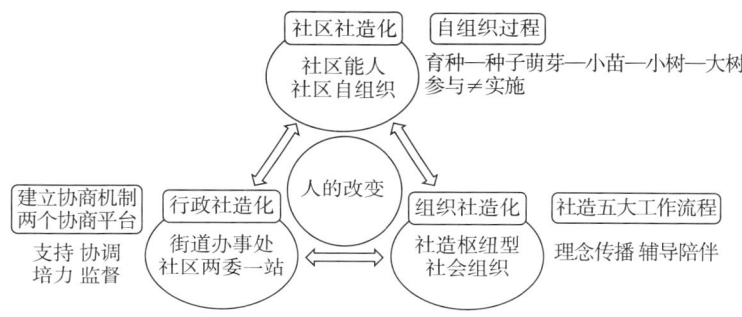

图 1-8 多元参与，共同营造——三个社造化

第二章

社区社造化
——自组织过程

如前所述,社区营造专业是要促成社区居民自组织、自治理、自发展,以共同解决社区所有的公共议题,包括制度性的、服务性的以及空间性的所有议题。而此一专业工作的起点,是让社区居民自组织起来。这正是 community revitalization 或 neighbor organizing(邻里组织)运动发生的原因,更是治理理论中自组织理论的核心要义。

虽然社区居民由下而上的社区营造运动,是居民参与协商的基础,是社区善治的关键,但善治一定是市场、层级与自组织三种治理机制的混合运用,更牵涉社区外面的政府政策与城市发展。所以社区营造的专业人员要具备更为广泛的知识技能,才能有效执行其规划、培训与引导的工作。虽然社区营造的范围更广,我们将在社区营造专业教研书系的书籍中有更多的探讨,本书只从治理的角度出发,集中探讨社区自组织的过程。所以在后面几章中,分别以社区社造化、组织社造化与行政社造化为标题,指涉的是社区如何一改"等、靠、要"的习性,自组织起来自我造血,提供公共服务,参与公共事务。

第二章 社区社造化——自组织过程

关于社会组织，包括专业型和枢纽型社会组织，需要讨论的是如何改变自身提供社区服务的工作方式，改以培育社区自组织，辅导后者来提供社区服务。行政社造化在于探讨基层政府如何从政策、协商与奖励、评估上促成这个过程的发生。

自组织过程是进行社区营造的第一个难题，也是必须面对的难题。如果社区不能成功地建立一些社区自组织，就缺少了最主要的行动主体，一定只能是"等、靠、要"，依赖政府由上而下解决所有问题的社区。所以不管是政府的引导，还是外来社会组织的帮扶，都是要诱发出社区自组织的过程。三个社造化只是社区营造师要做的第一步，也是必需的一步，有了这个基础，各类的"社区自组织+"才会发生。

那么，什么是自组织过程[①]呢？

一 自组织过程理论

自组织可以是一个名词，指的是特定的治理模式，但它更是一个动词。简言之，自组织的形成通常需要经历一个过程，这个过程中的五个步骤，正是研究自组织动态发展的五个子课题。

第一步是一群人聚拢，彼此之间社会网连结增多，关系越来越密

[①] 自组织过程理论内容主要来自：罗家德、李智超（2012）；罗家德、孙瑜、楚燕（2014）。其他论文出现在罗家德、孙瑜、谢朝霞、和珊珊（2013）。

集。其中能人扮演了关键的角色，是这些能人首先投入行动，动员自己的关系，才逐渐聚拢了一群人。

第二步是小团体产生，随着内部连结增多，这群人与其他人的关系相对疏远，一群人"抱团"产生了内部关系网相对密集的朋友圈。

第三步是小团体内部认同产生，内部的人开始清楚地认识到自己与团体外成员的差别，意识到自己的成员身份。

在第四步中，小团体形成一个共同的团队目标，并开始着手为实现这个目标而采取集体行动。

最后是第五步，团体会逐步演化出团体规则和集体监督的机制，以确保共同目标的顺利达成。

小团体形成了，认同产生了，会使一群人的关系网变得密集而长期持续。但只有有了集体行动的需求，并使集体行动可持续化，小团体才会是自组织。

自治理成功建立在这样的自组织过程中：关系的因素——也就是人与人之间因为熟识、互动与互助产生的信任；结构的因素——也就是一群人因为紧密的网络、封闭的圈子与交互的担保产生的团体内的信任；认知的因素——也就是这群人因为共同符号、共同志业、相互认同产生的群体信任，共同培育了监督、互惠与声誉机制，促成了一个完整的自治理机制，进而保证了合作行为的持续。

综合这样的观察，以及奥斯特罗姆的自治理模型（Ostrom, 1998），我们可以得到如图 2-1 的一个分析架构，提供以后的学者与社区营造人员，在研究社区自组织过程与自治理机制时可以参考这

第二章 社区社造化——自组织过程

一架构。

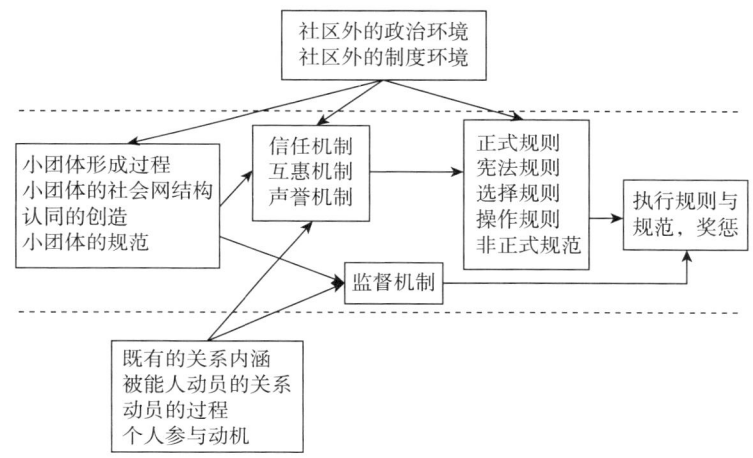

图 2-1 一个自组织治理运作机制（过程）的理论架构

在上述架构中，我们还可以看到以下几个自组织的过程。

（一）能人现象、关系、人脉网的形成

自组织研究的第一步，就是要问是什么样的关系使得一群人越聚越密。

中国社会，是一个"关系社会""人情社会"，人情交换是社会中重要的现象。人情交换是一个很特殊的现象，一方面，它掩饰在情感关系之下，因此不能明言回报、讨价还价。另一方面，交换的双方心中又都有一本"人情账"。施惠的一方不好言明，受惠的一方也不能忘记，必须记入"人情账"中，以待他日偿还（罗家德、叶勇助，

2007）。正是在这种往复多次施惠、受惠与回报的过程中，熟人关系连带建立起来。这种连带的演化和发展，会逐渐带来抱团现象，并在某些条件下导致组织中小团体的形成。

在中国这样一个关系社会中，自组织能否发生的关键，不仅在于社区自身是否拥有基本的社会资本存量，更在于社区能人是否能承担起带头人或主持人的角色，是否能够有效地影响到社区内其他成员的态度和行为。

能人现象不是中国独有，奥利维与马威尔（Oliver and Marwell, 1988）就在研究中指出，任何一个小团体的长期合作行为的产生，都会有一个关键群体（critical mass）。普通成员之间的关系相对影响较小，更重要的是关键群体，尤其是占据最中心位置的能人，与被其动员的成员之间的关系情况。与关系密度相比，社会关系网络的中心性对集体行动的产生，影响更明显。当合作的倡导者和发起者位于社会关系网的中心位置时，这就意味着他能够通过私人关系接触到大部分其他成员，因此可以更容易说服其他人加入。

在中国，"能人现象"则证实了费孝通（1998）所说的个人中心差序格局人脉网。能人一定是在自己的人脉网中开始动员，动员过程经常就是一个能人带动了一群小能人，小能人又动员自己的人脉网。一个团体就在这样滚雪球的过程中慢慢扩张，逐渐成形。

（二）动员过程与认同的来源

奥利维与马威尔的"关键群体"理论同时指出，在一个从事长

第二章 社区社造化——自组织过程

期性集体行动的小团体中，当人数不多、集体效益还没有展现时，参与者付出的成本低于所能得到的收益，只有少数"志愿者"会愿意加入；而一旦人数过了一个"关键点"，收益大于参加的成本，此时人数就会大量增加。在此一关键点到来之前，团体成员必然是因为情感性关系的动员，或认同此一团体的理念才参加的。在中国，动员尤其重要。

中国圈子现象特别发达（罗家德，2012），不是说西方没有，而是说中国在这方面很有特色。费孝通（1992）讲中国的差序格局，很形象地说，就是中国人最主要的社会群体是建基在个人的人脉网之上。一张人脉网由亲到疏会分成一个一个的圈层，就好像在水中投入一个石子所引发的圈圈涟漪。西方是团体格局，也就是西方社会最主要的社会群体是建立在相同社经背景、行业职业、共同志业、分享兴趣上的。

中国人的自组织是一个以自我为中心的人脉网，而这个人脉网的运作十分强调"动员"。东西方的动员机制差别很大，西方的动员一般是从性别、阶级、年龄、社会地位的团体中寻找认同感，或用意识形态宣导动员参与者；而传统中国却不同，在宗族、乡亲、地缘性商帮等基础上，因能人的关系进行动员。中国人的社会认同是可以创造的，所以自组织是在寻找集体记忆的基础上建立的。寻找到集体记忆之后，可以创造它的认同感。这是一个小团体形成的重要环节。此外，在社会关系网络中，如何以社会认同为基础进行自组织的动员，亦是自组织过程中非常重要的一环。

动员之前需要有一个集体行动的"原因",比如社区中需要建一个村史室;有好多老人需要照顾,需要有一个老年协会;社区环境正在变差,需要一个改善环境的环保组织;甚至一群人需要打发时间,需要成立一个自娱自乐的团体;等等。关系固然是动员的基础——自下而上的自愿性团体都是相互认识的人,基于情感性、认同性关系的结合,但每个人参与的动机也十分重要,一定要是大家共同感兴趣的项目,才能维系所有自组织成员持续参与的热度。

集体行动一段时间后,自组织会有新的认同产生。比如台湾南投县桃米村,最初发动村民做青蛙生态观光,只是当作一个"脱贫"的产业活动,但为了保持青蛙的生存环境,村民开始学习环境保护知识。维护住一片青山绿水后,环保成了村民新的骄傲,人们对社区产生了一种新的认同:"我们是一群真正懂环保的人。"新的认同进一步凝聚了社区自组织的向心力,加强了内部成员的关系,加密了网络密度,使一个小团体更加有合作性,集体行动更能持久。

(三)自治理机制

自治理(self-governance)主要是参与人根据他们手中掌握的信息,自行设计自己的制度规则。自治理的建立,必然会涉及资源使用与管理制度的集体选择行动。所以信任、互惠与声誉机制的存在,是大家达成共识的基础。

奥斯特罗姆(Ostrom,1998)是在公共管理领域提出"自组织是第三种治理模式"的先驱。过去在研究公有资源治理时,一个常见的

第二章 社区社造化——自组织过程

问题就是"公共地悲剧"。由于公有资源没有明确的归属，人们使用时往往会从个人利益最大化的角度出发，而忽视对资源的保护和长期管理，结果很容易导致对资源的破坏。传统上解决这个问题有两种思路。第一种是依靠市场，通过机制设计让使用者付费，或用私有化的方式，将公共资源转化为私有财产。然而，现实中完全私有化的方式常常不可行，机制的设计也很难做到完美无缺。第二种途径是依靠政府，将公有资源归公，由政府决定谁有权使用、如何使用等问题。这种方式的一个风险是，掌握权力的人很容易滥用公权，出现贪污腐败等弊端。奥斯特罗姆则发现，存在一种在政府与市场之外的治理公共资源的可能性——自组织。

自组织的自我管理存在三种不同层次的规则，由低到高分别是：操作规则、集体选择规则和宪法规则。操作规则直接影响日常决策，比如何时、何地及如何提取资源，谁来监督并如何监督他人的行动，何种信息必须进行交换，何种信息不能发布，对各种不同的行为和结果如何进行奖惩，等等。

集体选择规则涉及操作规则制定和变更过程中的决策权。如何组织决策团体？理事会、监事会、会员大会各自权责为何？谁有资格加入理事会？如何产生理事、理事长？等等。

最高层次的是宪法规则，决定了资产的归属与权利的边界。比如哪些是自治的权限？在现代社会，这一定要是政府赋予的自治权，才有合法性。又比如内部的奖惩，古代开祠堂审判，可以决定社区成员的生死，现代的社区或社群则不可能，必须要在法律与社会规范的允许下，制定监督方法以及奖惩制度。宪法规则与自组织外部的制度环境和政治环境高度相关。

奥斯特罗姆认为，对这三个层次的行动规则来说，一个层次行动规则的变更，是在较高层次规则的监管之下的。想要变更高层次的规则通常更为困难，成本也会更高。因而，从这个意义上讲，对自组织而言，宪法规则是最重要的，自组织的实现首先必须有相匹配的宪法规制。

> 奥斯特罗姆总结出了一些共通的"设计原则"，成功的自组织治理都具备以下八个基本因素[①]。
> （1）清晰界定边界；
> （2）分配规则与当地条件保持一致；
> （3）集体选择的安排；
> （4）监督；
> （5）分级制裁；
> （6）冲突解决机制；
> （7）对组织权力最低限度的认可；
> （8）分权制组织。

---

① 毛寿龙教授在奥斯特罗姆的《公共事物的治理之道》一书中的前言部分，为书中内容做出的总结，本章在此引用。

换言之，其一，一个自组织的利益相关者必须十分明确，即自组织的边界在一定时间点上是明确的。谁是自组织的"会员"，成本如何负担，资源如何分享，都是在这个清晰的边界之内才会有清楚的界定。也只有这样，才能避免不相干的人成为搭便车者（free rider）（Olson，1966）。

其二，成员要对当地的资源和"乡规民俗"有充分认识。一个社区的人、文、地、产、景各类资源，能如何利用？有多少可以分配？错误的评估会使社区参与成员有不正当的期待，或是过多的需索。这些都会带来不可持续的发展结果。同时，据此商议来的分配规则，在一个社区中必然要与"乡规民俗"相配合，才能使大家都感觉公平。

其三，分配规则如何制定？如何执行？如何奖惩？这些规则制定的程序正义也很重要。所以谁能参与规则、程序制定，利益各方如何派代表参加，要有清楚的界定。

一个自组织自我发展出来的规则，也必须靠自我监督以贯彻执行。一方面，自然要有负责监督的人，积极检查社区参与成员有无违反规则的情况。正式制度设计固然重要，但大家的相互监督、相劝为善更重要。另一方面，社区认同的建立正是要让社区成员认为社区是我们的社区，社区事务是我们的事务，有搭便车者会损害我们的利益，所以会主动积极参与监督。社区成员的相互监督不像由上而下的检查，不会有很多的死角，能够更好地维护规则的执行。

一个社区自组织往往会有数层的子系统。一般而言，要想消弭信息不对称，最好一个社会网内多数人要认识其他成员中过半比例的成员。也就是多数人和其他多数成员直接认识,这样才会在一个十分紧密的网络内,有效地相互监督,使得机会主义行为不会发生。一般而言,这样的小团体人数很少能超过五百人,而一个社区,即使是一个自然村或一个有围墙的小区,人数也常常在这之上,而行政定义的社区往往包括好几个自然村或小区,人数更多。所以社区自组织扩大到一定规模之后,就可能分化出第二层的子系统。另外,自组织之上也有管理单位,社区之上就是乡镇或街道,所以制裁会层层监督,层层奖惩,分级而行。

社区自组织成员间如果有利益冲突,需要有内部协调的机制。用正式规则进行仲裁与奖惩,绝对不是优先选项。基于善意,利益相关方在公正第三方调解下进行协商,才是常见方法。尤其在中国这样的人情社会中,"闹开了"往往也意味着"撕破脸"。另外,不到万不得已,更不会诉诸上级管理单位或法律仲裁。所以自组织内部都会有非正式的协商机制,好把所有冲突管控在爆发的第一时间点上。

自组织的权力来源是上级管理单位授予的自治权,授权范围之内才是自组织的自治权边界;超出之外,仍会由国法来管。这就是本书将在第四章中谈到的"行政社造化",会谈及国家和地方的法源基础为什么这么重要。正是因为没有授权,自组织的自治权就不存在了。授权不足导致管理单位事事都管,自组织就没有存在的意义,但授权多少才能与社区自组织的责任相匹配,因各地环境相异而不同,这需要在"实验"与协商中逐步确定。

如上所述,自组织会层层分化出子系统,每个子系统又会从自组织得到被授予的自治权，在权力边界内完成自己的自治理工作。这就是分层分权的概念。

自组织过程要到自治理机制建立完善了，才能算是成功的自组织。因为一群人聚在一起去做一件事，可能只是"乌合之众"，不一定能成事。由一个"能人"领导出有组织的集体行动，把事情做成了，但可能也只是一时一地之事，不会成为长久的组织，集体行动也没有可持续性。只有能人动员出一群人，发展成自组织并建立有效的自治理机制，才能带来可持续的行动与长期的利益。

（四）执行与监督机制

监督机制也是自组织治理的重要一环。自组织治理主要是参与人达成共识后，根据其已有的信息，自行设计资源利用与管理的制度规则。已有的监督和制裁，往往过于依赖外部强制，却忽略了组织内社会资本所发挥的监督作用。因此，构建基于自组织的监督机制，以及社会资本如何影响监督与制裁的有效执行，也是自组织的重要组成部分。然而在执行资源利用管理制度的时候，通常会涉及三个层次的集体困境。

第一层困境在于成员的行为会对彼此产生外部性。使用者面对资源过度利用的问题时，会产生不知该如何适当管理的情况，并且产生制度的供给问题；然而制度的供给必须要考虑到当地公有财产的特性、居民之间的主观认知与社会背景等基础，方能够透过集体选择提供适合当地的制度。

第二层困境在于当制度供给后，成员之间是否会提供可信的承诺，共同遵守与执行规则。在由资源使用者管理并创造规则的情形下，可以明确指定每位参与者的责任和集体利益。然而组织里的使用者利益皆来自此集体利益，不管他们是否有所贡献以及由何种治理架构管理资源，因此，在缺乏可信承诺时，便会产生搭便车的现象。此外，并非每个人都会提出承诺，尤其是受到制度变迁的负面影响，农村居民基本上对于政府政策的接受度不高。因此，为了有效地提供成员之间可信的承诺，必须明确地增加居民之间的沟通协商，以及具备监督与制裁机制，来减少搭便车的行为。

第三层困境则是为了增加参与者遵从他们协议的可能性，以及产生的集体利益，必须要投入监督与制裁的行动。过去监督和制裁往往是透过外部强制的规范，却忽略了内部组织成员彼此互相监督和制裁机制的建立。

在了解这三层困境之后，奥斯特罗姆（Ostrom，1990）指出，在过去的理论当中，人们常常忽略第二和第三层困境，仅将焦点放在第一层困境。其原因在于政府在推动政策时，往往将使用者视为同质的，因而信息完全和监督与制裁的成本为零，并且认为环境结构必须由环境外部力量来改变。综上所述，集体选择产生的三层困境有其层次的关联，第二层次的困境应与第三层困境一同考虑，第一层困境又与第二层困境息息相关。在这三个层次都能够兼顾的情况下，便得以建立完善的监督与制裁机制，以促进成员遵守规则并保护集体利益。所以，监督与制裁机制和社会资本如何影响监督与制裁的有效执行，是我们亟须重视的部分。

第二章　社区社造化——自组织过程

在这样一个自组织发展过程的架构中，我们特别要重视社区社会资本，而社区营造的工作方法，正是创造社区社会资本卓有成效的方法。社区社会资本包括关系维度的社区中的人际关系强度，结构维度的社区内关系网的密度，以及认知维度的社区成员的相互信任、归属感与亲密感。这些都可以用量化的方法加以衡量（罗家德、帅满、方震平、刘济帆，2014）。拥有较好社会资本的社区，推动社区营造将容易很多。反过来，社区营造的顺利推动又会增加一个社区的社会资本。

社区社会资本的带入是公有财产困境研究的最新发展（Ostrom, 2008），也让我们了解成功的自治理必须建立在自组织过程之上。这个自组织过程如何受社会资本影响又进一步培育社会资本，如何影响声誉机制、互惠机制以及监督机制，进而影响共有合作规范的建立与执行，是尚未被好好探寻的一个领域，有待更多的定性资料收集。需将这些过程理顺，并建立定量的解释模型，一一解释这个过程并验证自组织过程的理论模型。

（五）外在政治的影响力

在上述架构中，我们可以看到社区的外围环境也被包括进来，尤其是制度环境及政治环境。一方面，外在的制度会决定社区自治理中的宪法规则（Ostrom, 1990），外在的规范也会形塑小团体内部的规范，使之趋同于社会普遍的要求，以取得合法性（DiMaggio and Powell, 1982）。另一方面，党组织深入社群，造成了垂直权威与社会关系逻辑的重叠（Walder，1986），外在政治权力也在基层组织中发挥了极其重要的影响。

在中国，国家（政权）是最大的资源持有者，社区体制内精英的政治身份有利于取得政府在资源再分配中的"照顾"。自组织可以通过政治精英的中介作用，从上级政府或其他社会组织那里获得自身发展所需的外部援助。但是，外部体制赋予社区领导者的权力资源既可能促成自组织的起步与维持，也可能会阻碍社区自组织的进一步发展。笔者通过定量研究发现，现在，乡村的基层干部关系网对村民的社区志愿性活动及社区信任水平都呈现出明显的负面作用，从而不利于社区自组织力量的发育（罗家德、方震平，2013），以社会治理创新的新思维改变干部的治理手段，正是破解此困境的方法。详细情况将在第四章探讨。

社区营造的手段是让社区内的居民通过自组织的方式连接起来，能够对社区中的公共事务形成参与、议事的能力，逐渐形成自治理的机制。在此基础上，社区内的自组织通过更规范的能力建设，参与到与政府相关的公共事务协商过程中，形成良好的政社协商机制和平台，从而形成有效多元治理的机制。

社区自组织不是凭空自发就能产生的，需要在地政府与外界力量合作加以培育才能成长。在北京市西城区政府与大栅栏街道的支持之下，清华大学信义社区营造研究中心在北京市大栅栏地区从事社造工作，以自组织过程的观点对社区自组织加以辅导，同时对各个社区的发展进行调研与比较，可以看到一个个社区自组织过去的成果、现在正在进行工作的意义以及对未来工作的改善建议。

二 如何使自组织运行

利用自组织过程的观点，可以将一个社区自组织的成长分成育种、种子萌芽、小苗、小树、大树五个阶段。每一个阶段组织都需要不同的能力培育才能继续成长。这正是社区自组织成长过程中自发展、自治理所需要的能力，也是基层政府或外来社会组织在每一阶段辅导其成长的工作指南。

（一）育种阶段

1. 寻找能人

在社区进行营造时，最开始的工作是需要找到社区能人。

社区能人一般可分为：社会能人，也就是在社区中关系良好、地位崇高、可以有效动员社区居民的人，例如社区居民领袖，大家对此人的信任度较高；经济能人，也就是经济实力较雄厚、往往有经营企业经验的人，例如具有社会责任意识的企业家；政治能人，也就是拥有政治权力的人，如村支书、社区书记和主任、退休的老干部等。

社区能人又可分为外来能人、内生能人。前者就像本书中提到的王本壮教授、新故乡基金会这样的从社区之外来到社区的"志愿者"，是原本不居住在本地区内但愿意为当地居民服务的人，例如外来社会组织的负责人，具有专业能力的非本地居民。后者则是像南京翠竹园社区的吴楠这样的社区居民，以及成都市玉林东路社区的杨金惠书记这样的政治能人。

政治能人以成都市玉林东路社区的杨书记为例。在 2005 年 9 月的一个傍晚，她带着瓜子、花生、糖和小礼物走进了院坝，请居民喝茶、聊天、"摆龙门阵"。这个"龙门阵"就叫"玉林夜话"。他们拉上大大的横幅，用高音喇叭喊着，微笑着敲开门，请居民们到院坝头围坐。无论大人小孩，只要能围绕院落治理提意见谈想法，哪怕发牢骚指着书记的鼻子骂娘，开口就有小礼物。居民们很惊奇，这个女书记胆子大，别人当官都是听到的问题越少越好，她倒好，上门来找骂，还要给骂她的人发礼物。慢慢的，摆"玉林夜话"的人越聚越多，越聚越拢，"龙门阵"也开始升级，成了院落治理的擂台赛。每到傍晚黄昏，居民们不仅要喝茶嗑瓜子，还要为院落治理献计献策想办法。最后，大家还要举手评选出当晚说得最在理的人为当晚院落"龙门阵"的擂主。"夜话"成了一个政治能人拉近与群众距离的良好开始。

社会能人以南京市翠竹园互助会的吴楠为例。外号"阿甘"的吴楠自己是一个网球爱好者，一开始，他只是和一群爱好网球的人在一起玩，在 BBS 上发帖子、聊天，并组建了一个 QQ 群，但他们并不是一个正式的社团群体。正是在这个时候，翠竹园社区营造过程中的重要人物之一——林老出现了。他说大家整天在网上聊也聊不出什么结果，他愿意主动承担动员、组织工作的责任——在网球场等大家三天，希望一起打球的人能自愿出来，共同商量成立俱乐部，大家一起做一些事情。但是，他也说"如果没人来，这件事就黄了"。第一天，没有一个人来。第二天，依旧没有人出现。第三天的时候，事情出现了转机——网球场上来了八九个人，其中就包括阿甘。谈及这个现象的原因，阿甘也觉得很有趣，因为林老设定的三天中，前两天都是工作日，第三天是周六，所以人们才有时间来。由此阿甘得出结论，在社区里面，一定要在合适的时间做合适的事。

还有的人既是政治上的也是经济上的能人，比如四川省茂县云村的案例。

当时，清华大学灾后社区重建团队找到村里的杨支书，他既是村支书，又曾在外头做过生意，见过世面，所以在整村重建动员中担任负责人的角色。但他同时也具有经济能人的能力，在九寨沟的旅游经济刚刚爆发的时候，跑到德阳一带去批发鸡，然后杀鸡，进行处理，做着给各个餐厅送加工后食材的生意，拥有经济来源。在地震中，杨书记和其长子被倒塌的房屋砸成重伤，经县政府安排至省城医院接受免费治疗。病愈后，他回到村里的第一句话就是"党救了我，以后要好好地报效党"。他卖掉私家车，购买水泥分给建房的村民，又利用政治能人的身份进行动员和治理。在他的带领下，茂县还得到全阿坝州震后重建第二名，充分体现了杨支书既是政治能人又是经济能人的能量。

基于以上案例，无论是来自本地的社区居民领袖、基层政府工作人员、本地的枢纽型组织，还是外来的社会组织，只要愿意关注当地公共事务，愿意带动百姓一起做活动的人，都是我们要寻找的社区能人。

2. 动员关系

只有社区能人的力量，不足以进行社区营造的工作。一般来说，社区能人身边还会聚集若干社区小能人，他们之间由于共同的目标和兴趣爱好，逐步聚在一起，做些大家共同想做的事情。在此过程中，社区能人如何动员身边的小能人，动员到了哪些人，他们的身份和社区能人的关系如何，是邻居、朋友还是同事，动员的过程如何，均是我们在这部分需要探讨的。

在台湾，有通过改善社区环境将老年群体动员起来的案例。社区里的社区公园，是社区居民自己建的，而不是政府承包的工程。社区里的老人被能人动员起来，将社区整理得干净整洁，还自己做了绿化设计。例如，在高雄的文贤社区，原来的第5号公园又脏又乱，公园里的水池是庙产，却被养鸡户的垃圾包围、被废弃油漆污染。清理干净后，现在很多老人家喜欢坐在那边乘凉，在傍晚的时候带着孙子玩耍。修社区公园的过程中，需要技术工人的改造部分，例如木工、水电工，就政府补助一点经费去买材料；需要简单人力的部分，例如铺草皮、种树、铺石头，就让社区提供凉水、盒饭，鼓励居民来出力。除此之外，可以让居民设计社区里交通要道的指示牌，添加社区的特色。还可以让老人在美术老师的帮助下画图装饰社区，从单纯涂颜色开始参与也可以。

公园不是建好后就没有变化了，它会慢慢增加一些东西，大家一起参与就变成这样。从拆除破旧的建筑物开始，然后建凉亭，种草皮。草会慢慢长大，树会长大，经过几年持续的维护，这里会变成很美的公园。有其他的社区游客来，还可以导览解说，跟他们讲解。这是居民被动员起来，经过大家努力和坚持的成果。

同样，在台湾还有通过激发猎奇兴趣而动员青少年群体的案例。

第二章 社区社造化——自组织过程

石冈乡曾利用"社区少年侦探队"的方式，带孩子们做社区文史调查，让他们了解自己的故乡、自己住的地方。因为孩子们很喜欢动画《名侦探柯南》，对做个小侦探很感兴趣，所以"社区少年侦探队"能吸引孩子们参加。向孩子们介绍平常固定管理庙宇的庙公，让庙公带领孩子了解庙的历史、宗教信仰，甚至整个庙的清洁、香油钱管理的细节。小朋友都很认真地去学习，也觉得很有趣。

社区自组织还让孩子们画社区地图，小孩子画的社区地图跟大人的不一样，不是要他们画得准确，而是要他们的观点。大人可能都会画老树、老教堂、社区活动中心、里长家、村长家等。小孩子眼中的社区地图可不一样，可能是某一间杂货店，因为他上学放学都会经过，常常在那边买糖果跟汽水，所以他觉得杂货店很重要；可能是某一个防空洞，因为那是他的秘密基地，隐藏在某一棵老树的后面；也可能是某一个废弃不住的工寮。孩子们眼中有他们的生活地点，和大人的眼光不一样。每个人对社区、生活方式的认知都是不一样的，对事情重要性的排序也会不一样。通过孩子的社区地图，才能了解小孩的需求，也可以通过这样的方式去了解老人的需求、妇女的需求等。

除了以美化社区环境和激发相关群体兴趣作为动员的方式外，成都市玉林东路社区还通过培养社区领袖的方式动员社区居民。在院落领袖培育上，社区采取分类指导、重点动员的方式发掘人才。对原单位企业的家属院落，社区重点动员发掘以前单位企业的党群干部，如工会主席、团委书记等。这类人员有动员群众的经验和服务意识，在单位也不像厂长、经理那样容易得罪人，具备天然的群众基础。对农转非和拆迁安置城中村院落，社区重点动员以前的村干部、生产队长甚至出纳、会计出来担任院落的带头人。社区发现以前的农民祖祖辈辈生活在一起，有共同的爱好和行为习惯，养成了一种思维和生活定式，做什么都看干部怎么做。几十年来，建制虽然不在了，大家都是平等的居民，但是这种习惯和定式并没有多大的改变。玉林东路社区通过对这些具有特异气质的领袖进行培育和价值影响，较好地影响和调动起了居民。

综上，可以看出社区动员的方式以及社区动员的关系。动员方式往往通过社区公共事务动员社区居民，以及通过激发兴趣爱好动员某一相关群体。动员的关系也往往与能人榜样效应相关，能人倾向于或易于动员什么关系，是一件很重要的事情。很多人都带有群体的标签，相同群体的人容易相互动员。例如宗亲之间是很好动员的，一起外出打过工的工友很容易被动员，党员碰到好支书也很容易被动员。能人们动员何种关系各有不同，重点是要抓住特点，凝结更大的力量。

（二）种子萌芽阶段

当社区能人和小能人之间达成了共识，并初具组织形态，形成小团体，一般认为就进入了种子萌芽的阶段。初始团体一般人数不多，主要依靠志愿者精神来维系，会产生组织内部的认同感。此阶段属于付出成本大于收获利益的时期。

1. 形成小团体

小团体一般具有较为固定的活动周期，例如台湾环保小团队的建

第二章 社区社造化——自组织过程

立。在生态环保方面，台湾应该有一半以上的社区有环保志工队的组织。环保志工队从定期打扫开始，活动密集的一个星期一次，大部分都是在早上天比较凉的时候，也有的组织会两个星期一次，久的甚至一个月一次。在特定的假日，也会有环保志工队出来打扫。

北京市西城区大栅栏街道的石头社区左邻右舍美食团，是2016年新成立的小团体，部分队员来自社区助老队，属于裂变出来的一个新团队，约有十名成员。他们都是会做饭、爱做饭，更爱美食的社区居民。每个月大家会聚在一起，根据设定的不同主题进行美食大比拼，例如老北京小吃、民族菜、家常菜等，将自家做好的菜肴与大家分享，告诉大家食材选择的技巧以及自己做这道菜肴的步骤，大家在品尝后会给出自己中肯的意见。通过此种形式，美食团的队员越聚越多，核心小团队成功吸引到了外围志愿者或参与者加入团队。在每个月举行比赛之前，核心小团队还会聚集在一起，定期召开工作安排推进会。会上，大家会根据工作内容进行分工，不是指派的形式，而是大家自告奋勇认领任务。每次美食比拼后，大家依然会聚在一起，总结活动的经验和不足，以便更好地组织下一次活动。

可见，小团体内部成员首先需要具有共同的兴趣爱好或共同目标，大家合力做一件事情，并在做事情的过程中逐步固定活动频次，建立人与人之间的合作关系。然而，只有频次固定的活动，很难维持小团队发展为更大的组织。因此，建立团队共识和认同感，成为组织发展过程中非常关键的一个步骤。

2. 建立认同

小团体如何才能具有团队认同感，往往需要经历一个团队内部磨合的过程。这里以北京市西城区大栅栏街道前西社区的统战艺术团为例。统战艺术团最初成立的时候，有几位核心成员。艺术团的黄团长邀请了会拉手风琴的张老师来做音乐老师，因为张老师在部队里有做音乐表演的丰富经验，两人也是多年的好友。还有党委委员那阿姨、低音声部汪阿姨、高音声部孙阿姨等人，大家携手管理统战艺术团十几年。统战艺术团招收团员的标准是面向所有社区成员，黄团长说："我的一个原则是，只要是本社区的人，要来的，不管水平怎么样，都会接受。"也正因此，团员的唱歌水准参差不齐。艺术团从成立之初到后来，经常会有团内的矛盾，人员管理很复杂。"有的要求水平高，但有的人水平低，水平高的人便不高兴不过瘾，水平参差不齐，团员之间有矛盾。"在各种矛盾中，核心组起着重要的调解作用。团里分三个组，三个组向核心组负责，核心组向团长负责。组织初建时的核心小团体是否产生组织内部的强烈认同感十分关键，核心团体维系不住，组织一旦扩大，便容易被矛盾分裂。

在台湾地区，由村民商议而建立的认同案例，同样说明团队认同感需要经历一个不断磨合的过程才能得以产生。苗栗的湾宝社区有一个特殊的社区活动——西瓜文化节。社区通过办西瓜文化节来提升产品的知名度，促进参与。挑西瓜比赛分爷爷奶奶组和青壮年组，每个人挑西瓜时都很高兴，旁边看的人也很高兴，都兴高采烈。还有吐西瓜子比赛，吐到碗里的才算分数，吐到外面的不算。一个产花生的社区也在学习这个案例，他们开始动脑筋，怎么改成适合自己社区的活动。因为不能办挑花生比赛，后来就改成用花生壳夹鼻子、夹耳朵的比赛，看谁夹得最多。这些有创意的比赛都是地方居民讨论出来的，老师先引导，然后互相讨论。他们会想出很多怪招，而且确实很有趣，可以媲美电视综艺节目。大家在一起玩得很高兴，也逐渐形成了社区内部的认同感。

从育种阶段到种子萌芽阶段，是一个自发展的过程，需要团队内部不断沟通、演化，最终发展到有组织的形态。这期间有合作，同样也会有分裂，有成功的案例，同样也有在初期就夭折的案例。往往由内生动力和外部助力相结合，逐渐推进小团队的演化发展之路。

（三）小苗阶段

当小团体的组织形态基本稳定，并可以简单运作组织内部的各项工作，同时开始关注社区内部的公共事务时，一般视作其进入小苗阶段。此阶段，关键群体的人数将会在 50 人以内，逐步在组织内部形成规范、成员间建立信任关系。

1. 团体结构

小团队稳步发展及组织内部认同感建立，随之会吸引越来越多的外围者成为团队内部核心人员，团体结构发生变化，并逐渐由几个人的小团队发展为具有分支的团体结构。

北京市东城区龙潭街道幸福社区手拉手互助团于 2015 年 6 月开始筹备，经过两个月的宣传、招募等过程，团队壮大到了 38 人。最初，根据为老人提供的四大领域服务内容，进行了互助团队架构搭建及职责划分：韩老师负责生活照料组，陈老师负责身体呵护组，杨老师负责文化支持组，苗老师是互助团团长兼顾负责信息调动组，社区工作者曹大哥则担任社区居委会与互助团之间的协调人。到了2016年6月时，经过一年的服务和团队建设，互助团的规模已经达到70人，并从最初的四个组增加到十一个小组，包括四个专业小组（小修组、理发组、文化组、财务组）和七个互助小组。团队逐步有了自己的章程、队徽、队歌等，日常服务也逐渐精准和稳定。

进入小苗阶段后，除了团队架构发生变化外，团队管理方式也需要更为精细化。在上海市嘉定区信义嘉庭社区里，许多具有社区集体意识的业主们，经过前期的熟悉和互动，让准居民们逐渐从生人变成熟人，彼此之间也逐渐有了社区共识：愿意为自己的社区多关心、多付出、多想、多做一些事情。由以社区居民议事会为基础的自发兴趣团体，逐渐转变为"新居互助团"。这些居民将社区内的公共事务、社区应该办理怎样的主题活动、居民与居委会之间应该如何保持良好沟通等各项议题，都纳入讨论事项之中。新居最在意的各种消费行为——新居开荒保洁、家具订制采购、搬家服务、家电采购等，在越接近交房入住的时候，越能引起大家的共鸣与讨论。许多具有专业采购背景、物业管理经验、业委会经验等各种专业能力的居民，本着"自帮互助、邻里和睦"的精神，站出来为大家共谋福利，为追求高品质的生活贡献心力。此外，互助团也为社区室内外的公共空间，研拟了相关空间管理办法、使用办法、申请使用规则等各项规范，并在居委会筹建组的指导下，有序、有效地开展各项社区管理讨论事宜，体现社区居民自主规范、自助互助的气氛。还有些居民，自己在卖场任职，往往能够将第一手的折扣信息提供给大家；如果有购买意愿的邻居，他们还帮忙购买送货。有些邻居平常热心公益，在社区内经常对内对外举办的活动中担任志愿服务者，参与活动前的筹划，在活动当中服务他人，结束后协助主办单位收拾善后、恢复场地。这一切的一切，都在大家还没入住之前，就让大家自愿从各自居住的地方会集到新社区。私下问到他们的动力与想法，仅仅只是因为这是自己住的社区，多投入一些、多关心一些、多付出一些，也不会吃亏。

2. 转化"乡规民俗"为团体规范

随着团队规模不断扩大，团队内部将自发产生团队规则，例如团队规章制度等。在台湾，就有关于志工服务规则制定的案例。台湾有很多社区不是完全靠社会福利机构照顾，而是社区自己训练志工，比较年轻的或者稍微年长的去照顾老人家。然后这些志工可以累积服务时数，以后他老了，就可以用累计志工时数享受其他志工的服务。拿台湾的中寮社区来说，志工的活动有很多，有弱势家庭儿童的关爱陪伴，教孩子们弹钢琴；有佳节送温暖，给独居老人送中秋节、端午节的小礼物；还有日常的居家服务，志工定期去手脚活动不方便的老人家里帮忙打扫、量血压。有位志工自己身体上也有障碍，脚不方便，但是他愿意当志工，做得很好，所以他成为社区里的志工模范。

在四川省茂县云村，也有换工这种传统的乡规民俗。在云村，能够促成村民自主自治力量的是所谓的"竹根亲"，意思是家家户户都是某种形式的亲戚。一个山头前前后后四个村子，木耳村、牛尾村、羌阳村、云村，村和村之间的互相往来其实都是走亲戚。通过婚嫁的人际互动，不同村子之间的血缘、宗族关系不断变得密切，从而发展出当地的换工传统。这其实是一种人情交换，包含着一种慈善的力量。换工传统起源于农忙的时候，你家帮我家，我家帮你家。换工的规则是，一天大工换大工，一天小工换小工。如果是老弱病残，做一些零碎的小事就算是小工，例如帮忙照看孩子、捡石子、厨房切菜。在这样的换工传统下，老弱病残也算换工，可以说是互帮互助的乡规民俗了。在这样的基础之上，社造者需要考虑的是，如何有效地把乡规民俗转换成新的认同力量、新的合作力量。在灾后重建的时候，如何在他们原来乡规民俗的基础上让他们合作，产生自治力，产生新的规则？灾后重建团队因势利导，将他们很有价值的乡规民俗，融合变成现代合作社的合作模式，从传统的血缘认同转化成现代的合作认同，从传统的乡规民俗转化成现在的合作规范。在一起重建房子时，还是大工换大工，小工换小工，促成家家户户出人出力一起建房。这个现代合作社化的过程，是社造者要一直持续观察、持续记录、持续改造的。

在农村社区存在着"竹根亲"的乡规民俗，在城市社区其实也存在转化"乡规民俗"为自组织规则的过程。例如成都市玉林东路社区，在2006年11月的一个晚上，居委会组织五个院落之一的玉林北街5号院落全体居民召开坝坝会，商议罢免及改选自治小组一事。坝坝会从晚上7点开到11点，一直僵持不下。反对者质疑现任自治小

第二章 社区社造化——自组织过程

组组长的能力，却不愿意自荐或推荐出新的自治小组人选，也不愿就院落管理成本进行分摊。一句话，"要马儿跑，不给马儿吃草"。支持者担心一旦罢免现任自治小组组长，再也没有人愿意来当这个组长，院落要陷入瘫痪状态。双方争着争着，便翻起了原厂的老账，派系斗争也加入进来。最后，大家把球踢给社区书记，希望社区居委会托管。哭笑不得的社区书记杨金惠站了起来，她走到人群中间说：

> 今天我要鞠三个躬，第一个鞠躬给现在的院落自治小组全体成员，虽然你们存在很多问题，但是你们义务坚持，一直在努力，我代表这个院落所有居民说声"谢谢你们"。第二个鞠躬给今天晚上一直在现场讨论的所有居民，你们为了院落的事情一直在发表自己的意见，没有放弃，但是寄希望于社区居委会托管是绝不可能的。居委会的职责是组织居民自我管理、自我服务、自我教育、自我监督，而不是代替居民管理和服务。因此，第三个躬我要鞠给未来的自治小组，你们任重道远，要做更多的无私奉献。那么我也代表社区党委和居委会给大家提几点建议。第一个建议是大家在讨论院落管理时，首先要想到自己该尽什么责任，如果大家都不尽责，便没有人来为大家尽责。第二个建议是我们要求别人做到的事，首先要自己做到。如果自己做不到，我们便无法要求别人义务为我们做。因此我希望北街5号院未来的组长人选能自荐产生。第三个建议是，无论我们选举谁来当自治小组长，都请赋予他一个权力，那就是组织大家共同承担院落事务并分摊

成本。这世上没有哪件事，我们既可以享受利益，又不承担义务和责任。

人群一下沉默了下来。这时，一个叫何中义的老阿姨站了出来："杨书记这么说，我有点坐不住了。如果大家相信我，愿意一起出钱出力想办法搞好院坝，我愿意来担任这个组长！"掌声立即强烈了起来。何阿姨打断掌声说："大家先别鼓掌哟，我刚才说话是有条件的。如果大家愿意出钱出力一起想办法，我就干，不然我也不会干！"人群回应说："出嘛出嘛，未必让你倒贴！"接下来的事就顺理成章了，大家算清了账，院落倒差现任居民小组长1900元代支的院落公共电费，何阿姨立即从家里拿了私房钱出来先垫上。院落居民承诺当月多交门卫费，把这个窟窿补上。而现任组长也表示要积极支持何阿姨开展工作。

整个换选自治小组组长的过程，重新制定了社区自治的规则。在这个过程中，我们可以看到两个原则，一是"能人"原则，有人带头，这事才能做，由上而下强派下去的事，往往走个形式，很难持续。二是中国人强调"均分"的原则（翟学伟，2004），大家有共同承担院落事务并分摊成本的义务和责任。掌握了"能人"与"均分"的规则，可以加深社区居民对自治管理的投入和参与。

从种子到小苗的过程，是自组织从萌芽到发展的阶段。其间会经历小团体发展成为自组织核心人员的过程，也会有团队认同感的升华，并把"乡规民俗"发展成为团体规范的过程。

（四）小树阶段

当自组织内部稳步运行时，将会有较固定的资源注入，例如会有多种渠道的资金来源、外部专业资源进入。有了这些收益后，加入组织的人员也越来越多，一般会达到数十人、百余人或更多，组织活动常态化。当收益可以覆盖成本后，想参加自组织的人数会越来越多。这时，"搭便车"现象会很多，有些新加入者不再有志愿者精神，只想分享收益。如何阻止这些搭便车行为？建立组织内部规范和自治机制，变得十分重要。

1. 建立正式的自组织

从自发形成的团队发展成为正式的自组织，具有实体身份，需要经历一系列的蜕变。很多自组织在这一阶段也许会止步不前，也有一部分自组织可以完成从草根到社会组织的蜕变。

在四川省安龙村，自2007年初，"河流保护协会"开始尝试将环保培训与生计发展结合起来，以期实现协会保护水环境、提倡绿色生活的目标。在介入社区与展开工作的方式上，"河流保护协会"从原来的通过项目组推动，逐步改为培育社区能人并通过能人带动的工作方式。自2005年开始，"河流保护协会"在安龙村就进行了多次生态教育与有机耕作农法的培训，在协会的影响之下，安龙村已有若干农户在理念上十分认同有机耕法与水资源保护，并积极进行有机蔬菜的种植。2007年6月，在"河流保护协会"积极推动下，几个农户成立了"有机蔬菜种植小组"。"河流保护协会"一方面为农户和城市家庭建立"点对点"的销售通道,一方面还为安龙村的有机蔬菜种植小组联络了 A 市的一家大型超市,保证了较为稳定的蔬菜需求。

经过一年多的运作,2008 年,有机蔬菜种植小组已有 10 余户加入,并有了不错的经济收益。"河流保护协会"因此将蔬菜的销售与配送,完全交由有机蔬菜种植小组自己管理。有机蔬菜种植小组中的多数农户推选了高某作为组长,负责管理蔬菜配送与经营。高某曾经在 A 市工作多年,有经营头脑,善于捕捉市场信息,有着较强的经营管理能力,是安龙村的经济能人。已加入有机蔬菜种植小组的农户,多为"高家"的亲友。因此,有机蔬菜种植小组内有着较强的信任关系,在高家的带领下,彼此协作,获得了较高的收入。此外,在"河流保护协会"的引介之下,安龙村的有机耕作日益为媒体关注,甚至一些国际媒体也到访安龙村,对安龙村的生态农业进行报道。A 市的一些中小学到安龙村开展生态农业的观摩体验活动,并进行人工湿地及水质测试的实地讲解。这样,安龙村的生态农业与有机蔬菜种植小组逐渐有了名气。

基于安龙村的有机蔬菜种植,"河流保护协会"2008 年年底开始尝试以安龙村有机蔬菜种植小组为基础,推动整个社区的有机蔬菜专业合作社的成立。"河流保护协会"打算通过专业合作社,扩大安龙村有机蔬菜的种植面积。更为重要的是,他们打算通过专业合作社,传播生态环保的理念,使安龙村村民对生态环保形成更高认同,从而转变既有的生产生活方式。较好的经济收益预期,使得村民们纷纷加入合作社。安龙村有机蔬菜专业合作社成立大会很快召开,总共 56

户入社。高某被选为专业合作社的理事长，而理事会成员则基本上是原来"有机蔬菜种植小组"的成员，也就是原先的小团体。

一个本来不大的团体登记成为正式的社会组织，如上述的合作社，其他诸如协会、民非、社团等实体机构，抑或是商业性质的公司，其实都是建立正式自组织的方式和结果。无论形式和性质，只要是从自发形成的团队发展成为独立的组织形态，均可视为成立了正式的自组织。

2. 社会服务功能专业化

当成立了正式的自组织后，组织内部的专业化要求逐步提升，服务功能逐步细化，变得更为精准。例如在台湾草墩，旧名叫"草鞋墩"，地震以后成立一个草鞋墩人文观光产业发展协会，传承传统手工艺。现在没什么人会穿草鞋了，于是他们将草鞋改良，经过创意设计，变成吊饰，用很漂亮的盒子装起来。原来一双草鞋才不过五六元人民币，经过改良以后，一双草鞋加一个小盒，可以卖九十元人民币。这就是"文化＋创意"创造出来的价值。

改良后的草鞋很受日本人喜欢。他们到草墩都会买很多，把草鞋作为艺术品挂在客厅当吊饰。与之相似，台湾泰雅族的原住民，也在保留并发扬一项传统手工艺——泰雅编织。和草鞋一样，泰雅编织做成衣服后，没有人穿，连原住民都是祭奠仪式时才穿。原住民就用编织做成小钱包、名片夹、铅笔盒、笔记书的书皮。这些有民族特色的创意文具、用品，很受游客欢迎。

在城市社区中，正式自组织的服务功能精细化的现象依然存在。

例如在成都市玉林东路社区居民自治主体的培力中，玉东社区在2006年迎来了一个转机。联合国儿童基金会在中国区试点社区儿童保护网络体系建设项目，全国由民政部、共青团中央、中国妇联等六大部门、组织牵头，在六大城市挑选社区作为国家级示点。刚好成都市民政局下属单位未成年人保护中心承担了此项工作，负责在成都寻找示点项目社区。玉东社区良好的居民自治基础，引起了市民政局的高度关注，这个项目由此落在了武侯区玉东社区和金牛区杨柳社区。在为期五年的国家级示点工作中，玉东社区率先接触到了社会工作和项目化服务的理念。该项目给玉东社区带来的最大推动，是连续五年都有来自民政部和联合国儿基会的国家级培训专家指导。

结合玉东社区实际，该项目在开始之初，就把社区的儿童保护网络体系建设与社区居民自治体系结合起来。把困境儿童保护这项公益服务与居民公共意识和志愿者精神培育结合起来。社区儿童保护网络体系的CPU组成，不仅有社区工作人员和公安、卫生等公共部门，还有儿童家庭、居民、院落、单位和学校。多部门跨专业合作，联合推进整个社区的困境儿童保护。其中，社区居民、家庭、院落及单位，承担大量困境儿童发现与保护工作，有效地将自组织的工作与周边机构的服务结合在一起。

2010年，示点项目结束，但玉东社区的儿童保护志愿者队伍保存了下来，开始在社区开展四点半学堂和儿童跳蚤市场等儿童服务。玉东社区抓住有利时机，进行组织公益转化，由玉东社区居委会、玉林小学、玉林中学、鼎新实业公司联合发起，通过居民个人和家庭会员参与的方式，于 2012 年在武侯区民政局正式注册了公益机构武侯区"美好明天"社区儿童关爱中心。这是玉东社区自组织首次成功转化为公益组织，也是武侯区第一家在民政部门正式登记注册的社区自组织。

3. 建立自治理机制

当自组织能够自治理、自发展、自造血的时候，组织内部的治理机制将发挥极大的作用，对自组织的发展具有非常大的影响力。

以山西省永济市蒲韩乡村社区为例，当地的养老服务中心讲求的是自身收支的平衡，而不是一个要农协来补贴的协会。采取的方式是让老人自身有投入，包括一笔不多的钱和食材原料。每一个老人一个月交 50 块钱到分房同乐中心，然后每个老人带自己的粮食到养老服务中心，让中心的专职人员做饭。一个中心只聘一个专职人员，当然，这个专职人员要有工资，这个工资就是每个老人交的费用。专职人员招募采取的方式是，65 岁以下的妇女报名当志愿者，一个人干一天，到这个地方来帮着做饭和整理。再加上全村的人都给这个地方送菜送肉，所以只要做主食就够了，菜、肉都靠大家送。因此，这个地方既团结了全村的妇女，团结了全村人，同时又告诉老人，养老服务中心需要老人自己也参与进来。

养老服务中心同时也在做居家服务，办了很多关于妇女的服务、培训等。现在，它形成了两种居家服务的模式："二对一"和"七对一"。"二对一"是两个人全天照顾一个不能动的老人；"七对一"是七个志愿者，一天中有两个小时来帮助老人处理相关的事情。它的分房同乐中心，既有屋子里的活动，也有户外的活动。户外的服务模式也是"七对一"，有志愿者在外边带领老人活动、锻炼、康复等。所以，当地养老服务中心最重要的并不是靠专业技术，而是靠理念，靠这种把社区所有人组织起来的方法。这种"自助＋人助＋社区总动员"的方式，建立了较完善的治理机制，最后到达了一个非常好的效果。

在城市社区，如成都市玉林东路社区，2007年初，该社区在院落自治中改变以往单一院落自治小组的组织形式和举手表决的简单民主产生方式，正式启动2.0版本"三加三"院落自治模式，以组织化的方式推进居民自治。一是建立多元化内生性组织。在院落产生居民大会、院落居民议事会、院落自治小组三个内生性组织，条件成熟的院落还设立了院落党支部或党小组。

二是建立内生性治理机制。居民大会由居民每户一票的方式进行大会表决，选举出与单元数相同的议事代表组成议事会，再由议事会投票在议事代表中选举产生3至5人，组成居民自治小组。权利分配上，一般事项由议事会进行议事表决，涉及院落功能改造方案、费用分摊及使用等重大事务，由居民大会表决。自治小组在居民大会和议事会表决的基础上，开展日常事务管理。院落党支部或党小组的领导作用，主要体现在组织院落党员带头参与承担院落事务，帮助院落自治小组发动居民参与，提前审议议题的合法性和正当性，主动发起并召集议事，但不干涉居民自治小组的正当管理。

三是构建内生性基层政策，在制度上引导居民自我制定互助物业契约、院落居民公约、院落管理制度，形成具有居民共识性的基层政策。策由民定，权为民用，事由民理，责也应由民担，才能形成有效的可持续性自我管理。

这一系列的制度安排，使得玉东社区如奥斯特罗姆自治理理论所言，产生了一个分层授权、分层自治的机制。

自组织从小苗发展成为小树，是一个蜕变的过程，也是一个破茧成蝶的过程。其间需要经历从小团体演变到中、大型组织实体的转变，以及服务功能细分和专业化程度提高的过程。

（五）大树阶段

当一个正式自组织的模式复制到附近的几个村子或社区，功能进一步分化，并将当地的资源进行再分配，社区需求得以满足的时候，我们视其达到了大树的阶段。

1. 功能分化、地域分化

山西省永济市蒲韩乡村社区，经过 16 年的探索发展，目前覆盖两个乡镇 43 个村，拥有 3865 户会员，113 名专职授薪工作人员。社区正式注册了 18 个农民专业合作社，两个有机联合社，一个农民技术学校，一个果品协会，是一个相当成功的中国式农民自组织的综合农协。蒲韩乡村社区同时也是农民协会，既负责社区自治和社区公共服务，又做金融、供销、农技推广。过多的内容，导致管理上产生了很大的困难。农民协会作为一个综合主体，经济社会功能变成两支，经济和社会分开。果品协会算公共服务，然后有一个有机联合社，有经济的功能，这两支底下又密密麻麻有很多组织。但是这两支的财务是统一的，一把抓的，有一个财务中心。社区里财务中心共有13个，财务中心对接很多下面社会的、经济的子机构。

从蒲韩乡寨子村开始，蒲韩乡村社区一路扩大，正式注册了18个农民专业合作社，有两个消费店，一个在永济，一个在运城，都是在城乡结合的部分。然后在它的下面，底层有18个辅导员，这18个辅导员一个人包200户，18个人共3600户。当然，根据现实情况，有的多有的少。这18个辅导员，到每家每户里，做九项工作。要做关于土地改良、土地活化、土地要走向有机农业的工作；要做关于农产品营销的工作；要做消费品集中购买的信息收集，包括他们的日用品，如毛巾、袜子、手绢之类的；要做关于老年服务的工作；要做关于农民手工艺的工作，大概有200位妇女是发活儿到家里做手工艺的；要做农民的培训工作；要做小额贷款的工作；等等。这九项工作、九块服务，最后都由这个辅导员来管理。这个辅导员对200户家庭的每一户都了如指掌，进行信息的收集处理，再往上面汇报。上面有九个干事，金融的归谁，营销的归谁，消费的归谁，都有规定，有相关的事，就对接到这九个干事。然后，这九个干事再把他们的工作往上报，比如说管经济的有三个人，他们是一个团体，管社会的有三四个人，又是一个团体。

再以它的养老服务与分房同乐中心为例。现在一个村做好了，其他的村自然就想来学习，就扩大了协会覆盖的范围，组织就成了一棵"大树"。永济蒲韩农民协会横跨43个村，在处理不同村委会之间的关系的时候，综合农协怎么就能够让村委会愿意请你？就像养老服务中心，你的公共服务做得这么好，其他的村委会就很乐意学习，让协会在自己村扎根。

同样，在台湾，由外部非营利组织带动内生力量，提供更为专业的服务。"迦南美地"是常驻在竹山镇的非营利组织，来自一群有爱的基督徒。"迦南美地"的居家服务，有别于护理之家。他们会在已经建立档案需要关怀者的家里帮忙，并协助就医。服务内容包含了非中低收入老人及身心障碍者居家服务、外籍配偶及子女关怀访视、老人问安关怀及送餐服务等。"迦南美地"通过政府购买服务获得部分资金，政府出钱给社会组织去服务。在台湾，这种合作方式十分常见。一方面，政府支持社会组织的发展；另一方面，社会组织可以直接提供专业的服务，比起政府重新招人做服务更便捷、更专业。

2. 扩大监督机制与执行

随着一个自组织功能增多，服务的地理范围扩大，建立了治理机制之后，还需要进一步的修改，以扩大监督和执行的范围，将治理机制持续发展下去。

仍以成都市玉林东路社区为例。玉东社区的居民公民意识教育和社区文化微生态培养，也上了一个新台阶。多年来，玉东社区以公服资金使用为契机，坚持发动居民自主提交公服资金使用项目，由院落居民小组统一上报到社区居委会，再由居委会组织社区居民议事会，共同商议所有经费的使用项目，上报居民代表大会表决后方能执行，以此培养社区居民民主协商意识。

同时，社区在院落自治中引入考评机制，每年由居民代表组成考评团，对各院落从环境卫生、治安案件、纠纷调解、互助服务、院落文化、居民满意度等多个维度加以考评。根据评比结果授予"美好院落""达标院落"等称号，并按不同的分值奖励院落经费。经费使用范围仅限于院落活动与服务使用，不得用于弥补互助物业经费的不足。以此为导向，鼓励居民提高自治意识和管理水平。

在加强治理机制建设的同时，2013年，玉东社区引入枢纽型社会组织，以提升社区自组织的能力，正式建立社区社会组织孵化中心，引进武侯区心航社工中心入驻玉东社区，作为枢纽型组织开展社区自组织培育和孵化工作。比如，心航在社区开展的第一个项目，是名为"义路东"的社区为老服务志愿者培训项目，立足于社区本土低龄老年志愿者培养，通过邻里互助的方式服务于社区高龄老人。5名专业社工从上百名社区低龄老年志愿者队伍中，精选出12名成员，采取陪伴式的方式，带领志愿者从投入度提升、志愿者精神树立、高龄老人需求界定与服务、服务方法和技巧培训、院落互助支持网络建设及社区志愿者激励政策建立等多方面，展开了为期九个月的志愿者培养。

另一个好例子是南京市翠竹园互助会，其带头搭建了四方协商平台——居委、业委、物业以及社区自组织的例行协商会议，还利用网络论坛、QQ群、微信等新媒体开展工作。翠竹园的居民打破了原有的警惕与隔阂，很多业主从邻居变成了朋友，社区也逐渐有了大杂院般的人情味儿与温馨感。各种社区自组织的活动，为业主提供了交往和建立信任的机会。比如拼车俱乐部里，居民拼车互助上下班或接送孩子，用QQ或微信随时敲定集合时间、地点；美食俱乐部让大家有机会相互交流厨艺、分享美食，参与者也表示以前谁都不认识谁，现在因为在美食俱乐部做东西很好吃而很活跃，在社区里很多人见面都会主动打招呼；社区画报或宣传活动中，人们在群里你一言我一语，讨论得十分热闹。日渐紧密的邻里关系，不仅让人们心中更有归属感，也将每个人身后的资源调动起来——很多人遇到的问题和困难，常常不出社区就能得到帮助。

对居民来说，以前社区内相对松散，如同大多数城市社区一样，归属感和凝聚力都很低。但是现在，经过互助会的社区营造工作，居民们不仅丰富了业余生活，有了更多的朋友，而且从深层来看，正能量得到传递，居民们也树立了公益的意识，大家意识到要相互帮助、积极参与社区事务。他们比以前更重视捍卫社区的公共利益，也更认真地对待业委会的换届选举。

2016年初，清华社造团队曾作为志愿者，参与社区业委会换届选举的计票工作。当天一大早，在物业提供的场地里，筹备组的人就到位进行最后的准备。几个密封的投票箱一字排开，在人员全部到齐后现场拆封。选票先由社区志愿者——很多老年人主动报名参加——整理分类，再交由计票人员录入电脑系统，遇到没有签名、字迹模糊或选项漏填的票，就交给专门负责人，由他们打电话给业主进行确认。整个过程有条不紊，在下午的时候完成了全部工作。通过这个例子可以看到，南京市翠竹园互助会已建立了良好的集体选择规则，所以能够有条不紊地以民主方式改变决策机构的成员。

业委会换届的民主参与，只是社区互助参与的一个侧面。在一定程度上，居民的这些变化，给社区居委会、业委会和物业都施加了压力,也提供了动力,督促他们将自己分内的工作做得更好。

小树到大树的过程,是自组织功能不断分化、范围逐渐扩大的过程,也是内部自治理机制、监督机制更为完善的过程。自治理机制是否完善,也决定着自组织未来的道路可以走多远、走多稳。监督机制的扩大,可以建立分层治理的架构,排除"搭便车"行为,为自组织的治理机制奠定了坚实的基础。

本章通过若干自组织案例,主要希望讨论自组织发展的过程,并通过自组织表现出的不同现象及特征,进行组织发展的周期划分和功能定位,以利于自组织预测未来的发展方向。然而,愿望和预期是一方面,自组织未来能够走到哪一步,还要看自组织自身发展的愿望。社区营造的精神和态度在于自发而不强求,不拔苗助长。坚持不断地浇水、施肥,给予阳光和时间,等待自组织慢慢生根(结种)、发芽(育种)、抽穗(小苗)、成长(小树)和成熟(大树),最终成为社区里的一棵大树。一个社区往往有一棵大树,整个社区就活化了,开始生机勃勃,生生不息。

附录 2-1 石冈人的故事——社区认同该如何建立?[*]

台湾石冈在 1999 年 9 月 21 日发生大地震后,于 12 月在当地办

---

[*] 《石冈人的故事》由卢思岳老师提供。本段文字所有权与修改权都归卢思岳所有。如需引用,请与原作者联络。

第二章 社区社造化——自组织过程

了社区报,成立了工作站。刚开始叫《石冈人家园再造通讯》,并出了第一期《家园再造通讯》。但是"通讯"这个名字,一看就知道驻点大概也就一两位同事。之后,内容增加了一些政府的补助讯息和办法,还有社区居民对重建的一些意见。于是,到了2003年7月,工作站变成了协会,同时把《家园再造通讯》改成《石冈人社区报》,表示"我们要常态化地经营下去"。《石冈人社区报》这小小的一份地方报纸,发行量上千份而已,竟然在2008年获得了客家委员会客家新闻奖,打败很多大媒体,如《自由时报》等。报刊最主要的阅读者是本地的乡亲、旅外的乡亲。因为农村有很多人到外面闯天下闯事业,有些在台北,很喜欢阅读家乡的社区报,也有在美国的,有一次捐了一千美金。我们社区报现在有很多乡亲的捐款,所以没有政府的补助,也可以持续下去。这是我们能够发行超过13年的秘密。

我们的社区报每一期的刊头题字都不一样,右上角还附一张照片,底下有几行字介绍刊录人的贡献。题字有可能是小孩用彩色笔写的,也有可能是书法写得很漂亮的人写的,每一期都不一样,这是有特殊用意的。如果一般的刊录,一定是找一个名人,比如说地方上可能找乡长或代表会的主席题字,或者是找一个书法写得很漂亮的书法家,题字一次就确定了。之后100期、150期,每一次刊头都一样。但是,我们刊头题字让不一样的人来写,是有深意的,我们的题字策略,是以 nobody 为主,以 somebody 为辅。

Somebody 是指村里的名人、干部。石冈乡的乡长,在第34期才轮到他题字。若我是创刊发行人,第55期才轮到我。我们的办公室主任，在地震的时候就跟着我进去找素材了，但是 100 期的时候才轮到他题字。

那什么叫 nobody？像有一个爷爷，每个礼拜天早上都会把土地公庙旁边打扫干净，十几年如一日，值得表扬，他就可以题字。有一个社区的妈妈，每次社区办活动都帮大家煮茶水，很热心，也可以题字。就是这样的小人物题字，让他们和他们的家人看到他的照片，他们的贡献被刊在刊头，他们会觉得很光荣，很有成就感，以后会更投入到社区的工作里。你如果找一个名人题了一次，从此不再换，大家就觉得没什么意思。所以《石冈人社区报》的题字，已经成为石冈乡的一件大事。经过十几年来的累积，很多人都期待着哪一天可以题字。最近，有一个出生在石冈万兴村、到外面闯荡的音乐人，入围台湾金曲奖最佳客语歌手，虽然入围没有得奖，但是也很光荣，我们就准备找他题字。然后就可以看到他的家族，也是很大的家族，会投入到社区的公共事务。

这个例子的用意在哪里？扩大社区参与，不要只有一个人题。写得很漂亮或者他的地位很高，就从此都一样吗？我们希望引起更多的回响，这个是我们的操作策略。做很多事都是一样，不是一个人为大家服务，或者两个、三个的少数人为大家服务，我们希望更多人来参与。石冈小乡镇才 16000 人，石冈乡又分成 10 个村，16000 人有七大家族。乡下的人际关系脉络是很紧密的，148 个题字人，让几乎所有大家族都参与过。家族里的人都会搜集，"这是我的亲戚题的字"。目前 148 个人里面，最老的题字人 101 岁，最小的 6 岁。在地震之后的前几期，就有一个小学二年级的学生题字。他为什么可以题字？他在客家话说故事比赛中得到全乡第一名，要奖励他在保存方言上做的榜样。因为很多人都讲普通话，方言正在逐渐消失，很多小孩不会讲闽南话、客家话等。所以我们要保护方言，维持文化的多元跟多样性。通过他的题字，鼓励小孩要学方言，学校里面也在开乡土语言课程。

我们每50期都会办一个题字人大集合活动，老老少少都会参与进来。大家集合在一起，看看大家的成长和变化。之前题字的乡长已经卸任了，二年级题字的小孩已经上大学了。办100期的题字人大集合活动的时候，已经有三个题字人过世，我们给他们出了纪念特刊。这些大多数的nobody，加上少数的somebody，都共同参与社区很多的事情。而且这个题字的策略，会累积形成传统，已经成为石冈人很重要的历史记忆。第一期、第二期、第三期、第四期，后来开始十几期、二十几期，现在快要一百五十期了。它是在累积的，记录着社区的集体记忆，居民的共同记忆。回首往事的时候，翻翻《石冈人社区报》，满是感动和对社区深深的留念及感恩。

附录2-2　桃米村的崛起——超级大树的成长历程*

桃米社区在地震前是一个默默无名的地方。"桃米"是个旧地名，

---

*　桃米村的案例由廖嘉展、颜新珠提供。本段文字所有权与修改权都归廖嘉展与颜新珠所有。如需引用，请与原作者联络。

这里曾被称为"挑米坑"。因为早期米粮不够的时候，必须挑三铲，然后一路走，都要用步行，挑在肩膀上一直到这个地方，所以这里是挑翁休息的地方，现在改为"桃米里"。整个社区都在山里，埔里是个盆地，桃米是山里的一个小山村，人口只有1200多人。桃米的海拔在420至800米之间，是一个非常适合生活、让人感觉舒服、生物具有多样性的地方。

"9·21"地震时，桃米村共有369户，其中168户房屋全倒，60户房屋半倒。"新故乡"在当年10月到这个社区来帮忙。我们首先思考的课题不是把房子盖好，而是希望这里有一个新的发展，思考这里是否有新的社区转型的基础。我们面对的其实就是一群对家乡没希望的社区居民，我们希望大家重新去看待我们的家园，重新去找到我们的社区之宝。通过资源调查，创新发展社区的特色和特质，然后找到一个可以持续运用的方法。在参与的过程里，要不断地质问，要不断地问居民。通过民众参与的过程，达成共识，找到大家一起努力的目标，然后慢慢通过一种跨域合作的过程，让愿景可以被实践。

培力社区自主的过程，就是教育学习。从地震后一直到现在，当地居民不断地在燃烧学习的火焰。在学习的过程里，一个辅导者慢慢把棒子交出去，然后转化为一个合作伙伴的关系。外在的分析包括组织共同的协定，每个阶段的组织协定，因应社区不同的课题跟阶段的目标，引进不同的专业团队跟合作伙伴一起帮忙。

通过资源调查，这里的土地面积不到台湾地区的两千分之一，但是生态资源却很丰富。台湾原生的青蛙有29种，在桃米里就发现有

第二章 社区社造化——自组织过程

23 种，占比将近 80%；台湾的蜻蜓有 153 种，在这里发现 56 种。生态资源的丰富，给我们留下了一个印象：我们的生态就是比别人好，我们好像什么都不能和别人比，就只有生态比别人好，青蛙比别人多，叫得比别的地区的大声。这里生态资源丰富，是不是可以往一个所谓的生态村发展？

桃米的发展先从软件开始。地震后的第一年和第二年，第一笔经费只有 15 万元，用作教育培训课程。当时，台湾为了解决就业问题，有所谓的以工代赈，提供了 25 个短期就业机会。在这里，做生态调查的特有生物研究保育中心的彭国栋老师，开始在桃米办绿色生态讲座课程的时候，发现学习是一个大翻转。因为小朋友对生态都很有兴趣，很多爸爸妈妈都会陪着小朋友一起来上课。把学术语言转化成大家都能理解的语言，再结合生活经验，引申出一个生态教育培训课。彭老师利用礼拜六、礼拜天，或者是周一下课的时候，带着居民到桃米大大小小的山谷里头去做调查。这个过程慢慢凝聚了一批感兴趣的居民，在生态学习的过程中，从青蛙解说员开始。在解说课程的训练中，由于青蛙只有 29 种，因此很快就可以学习完了。可是有 4000 多种维管束植物，所以学习课程的时间会比较长。

如何去激发学习的火焰，让它持续不断地燃烧？这其实是第一年桃米教育培训时，经常会碰到的问题。任何一个解说者必须经过笔试、口试、野外辨识，甚至拿起麦克风解说的考核。第一期大概只有 9 个人通过了青蛙的解说认证。虽然只有 9 个人，但这也是让我们开启生态旅游试运营中很重要的一环。台湾飞利浦公司，总共赞助了

60多万元，支持我们开办第二期解说员培训班，同时开办了学习的课程，如参与班、老年人的绘画班等。资金支持了四五年的时间，每一年都举办教育培训，桃米目前已经有16位初级解说员，经过各项严格的考试，慢慢地从初级解说员升级为中级解说员。

推动生态旅游，其实有别于一般的观光旅游，是一个强调持续性发展的旅游模式，要重视当地的自然生活文化，也要创发区域内生物的多样性、平衡性及责任性。而且这是一个持续性发展，不是马上赚一笔就赶快溜的掠夺性产业发展模式。

如何让在地的居民真正参与到这个过程里，去促进在地的福祉，再借由这个福祉创造更多的就业机会？这可能源自对家乡的自信与自荣，让这里人与人之间更和谐地相处，带来一个不可计价的福祉。在此非常重要的事情，其实是一种创发，让很多的游客、访客来到这里，这是一种生态伦理跟生态教育再传播的过程。我们希望它创发的是一种所谓的身心一体，让乡民意识到其实不用离乡，在家乡就有一个好的生计，可以让我们去稳定地发展。我们可以不用去抓青蛙、卖青蛙汤，而是好好保护我们的青蛙生态体系，销售的是一种知识经济。我们可以在这里找到一个好的生活模式，而不是全部的人都挤到都市去。我们在家乡，从以往只关心自己，到开始去关心别人，关心整个社群的发展。在我们的生命里，多了很多更实在的意义和价值。

当解说员拿到解说证的时候，我们便开始启动社区的试运营，希望桃米能变成台湾生态旅游的一个重镇。当社区有9位解说员，有了5家民宿（就是"农家乐"）的时候，开始办体验式的活动，希

第二章 社区社造化——自组织过程

望体现一种大地义工体验劳动价值的概念。于是举办了两天一夜的铲除外来蔓泽兰的活动。一是可以做大地义工,二是可以利用夜晚的时间去赏蛙。

在那个阶段,让农村里本来害羞的人,如何拿起麦克风,滔滔不绝地跟外来的人分享,是需要不断地累积实战经验和经过长期过程的。到桃米夜间赏蛙,有一些安全的注意事项,也是一个累积的准备过程。赏蛙一定要穿雨鞋,青蛙多的地方,水也会很多,然后就是蛇,蛇有时候会比青蛙还多。慢慢地让人看到存在于乡间毫不起眼的青蛙的魅力,好像只有在《探索频道》《国家地理频道》才看得到的动物形象,竟然就在我们生活的周围,而且就在居住楼的旁边。

我们的村蛙叫腹斑蛙,它的叫声就是咯咯咯咯一直叫个不停,它给桃米转型提供了一个很棒的机会。这个机会最重要的,就是在地人能不能齐心协力。

青蛙从以往只是一个物种,到现在慢慢变身,变成一种价值,再后来变成一种很棒的生活,是发展生活文化创意产业里很重要的一环。有这么多的民宿,不能只顾着拼经济赚钱,还要跟社区的环境有良好的连接。这个社区大概也是台湾中为数不多的、拥有很多生态解说手册的一个社区。初期大概都是由专家手写的,到了中后期,已经由社区的解说员、居民自己动笔去写在地的物种调查。有了解说之后,就开始去培训,比如以妇女为主的美食班培训。这里有一个酝酿的过程,就是我们先办私房菜比赛,喜欢做料理的妈妈们,端出拿手料理跟人分享。比赛的奖品就是锅碗瓢盆,真正的收获是发现怎么会有这么多人喜欢做菜。于是就开始了为期近三年的美食班，从中餐、西餐到烘焙糕点这样的一个学习过程。原本这个社区只有一家餐厅，然后慢慢地通过美食班的培训，发展到大概有十几家。其实最重要的一环，是创发了很多妇女的就业机会。

初期没资金的时候，是没办法去开一家自己的店铺的，我们就用互助合作的方式，四五个人一组进行合作。在地震后，其实是百废待举，所以就利用学校、利用庙、利用民宿去提供这样的餐饮服务。在后期经济比较稳定的时候，很多妈妈就自行开办小吃店、菜店、餐厅等。其实在这个过程里，就是一种扩大参与。在社造中，非常重要的一个精神就是帮别人搭舞台，利用这个舞台可以找到适合的人，可以在这里真正慢慢地实践很多人的梦想。这种"有福同享"的概念，也是很重要的一环。桃米村有一个庙，庙训就是"有福同享"的意思。

在社区营运的过程中，开始启动旅游，其实就已经表示会有收入，会有资源进来，会有分配均不均的问题了。在2002年，面临的最大挑战就是如何去扩大参与，化解社区里的一些声音跟见解。很重要的一个环节是，如何让更多人认同，甚至支持这样一个理念的发展。所以办了第一届"桃米做大饼"，因为我们希望透过做大饼的过程，让那个饼可以做大，而不是大家针对一块小饼在争食，希望大家能接受在整个环境链里可以做大做小，其实这也是非常重要的一环。

在旅游项目里，我们开创"爱我桃米"的对内邻里解说。因为它是个村，可能中心区的人会知道这个区域是如何发展的，但是在山坳

第二章 社区社造化——自组织过程

里,人们对社区的发展资讯没有那么清楚,有时候可能是透过电视或报纸得知,希望能让村里有更多对话的机会。例如,社区的工班其实有源源不绝的创新,他们用村里的竹子编一编,就可以编成一只很大型的竹编大青蛙或蜻蜓。但是这个大青蛙编出来的时候,社区的长辈会说这些中壮年,因为他们觉得竹子很快就会腐烂,这样做很浪费政府的财力。这种对话反映了一个生态村经历思想变化的过程,是非常有趣的。

我们觉得"劳委会"释放人力就业,是一个阶段性的必要,可是如果你持续不断地依赖公共部门给予的资源的话,你就没办法"断奶",也就没办法自力成长。所以,"劳委会"释放的人力就业,我们大概只申请两年,之后我们就发现应该喊停了。要告诉居民,我们一定要自主,一定要迈向自立的道路。

在这两年的过程里,有序就业成了桃米很重要的一件事。在结合生态村发展的过程中,我们大量地植栽,都是在地居民去培育的。从播种子开始,到发育成小幼苗。这些幼苗,我们在做环境绿化的过程里,只要居民愿意种树,全部都免费送,这样村民就能省掉买植栽的钱。

另一个重要的问题是如何发展民宿,就是"农家乐"。尤其是山区的农村,本来就没有很多的资本。所以桃米在发展民宿的过程里,需要结合社区的资源,做一个网络的串联。例如在台湾埔里的清境农场,它完全发展的是欧风民宿,都是几千万、几亿的豪宅在做民宿。可是对于山村来讲,经济资本原本就有限,如何扩大连接网络?把住宿和民宿主人独特的人情魅力结合起来,加上这个社区具有吸引力的特点，它就是一个扩大连接网络的概念。

从初期的 5 家民宿，一直到现在大概有 23 家合法民宿。每一个过程里，都坚持是小本经营，拒绝大企业、大旅馆来到这里。如果这里有一家是有 100 个房间的企业型旅馆的话，等于它剥夺掉 20 多家民宿的接客机会，迫使 A 民宿跟 B 民宿因为抢客人抢得头破血流。不要为了做社区营造、经营产业发展，搞到原来的邻里人情都消失了，这是很遗憾的一件事情。我们的理念是通过强者去帮助弱者，大手去牵小手。

所以我们的民宿，都是五六间房。一辆游览车来到这里，大约有 42 名游客。当这些游客分散到各个民宿去住宿的时候，其实就是一个网络的串联跟合作。一辆游览车能同时照顾到三四个家庭的经济发展，这就是共享。

桃米为什么住房率这么高？这里有一个重点，就是主人的热情。住民宿有别于住旅馆、商旅酒店这样的地方，主人是一个很重大的元素。当民宿主人和客人不是店家与顾客的关系，而是朋友的关系、伙伴的关系的时候，民宿这个产业链就可以运转起来了。桃米有一个很棒的地方，就是每一年的中秋节，它对所有曾经来住过的民宿客人都开放。只要你来，在这里有音乐会，随便你住哪间房，这一天都不收费，变成大家好像回娘家的感觉，回到一个山林里的家。其实这是经营农家乐很重要的一个特质，我们卖的是无法被取代的人情味。

由于所有的营运是源自整体社区的付出，所以希望所有的业者收入的 5% 到 10% 可以回馈给社区自组织，作为公共照顾跟营运运转的费用。这个是从还没营运之前,就需要谈清楚、取得共识的事情。这也是大家要去不断取得共识的过程,然后再去沟通的过程,最后要去冲击的过程。因为人都有自私的一面,比如以多报少,我赚了 10 万块,可是我跟你讲我只有 5 万,所以我只要交 5000 块或 500 块就好了。这是一个不断协调的过程。一直到现在,我觉得它运作得还不错。

第三章

组织社造化
——社造工作流程

无论是政府部门还是外来社会组织，在进入一个社区进行社区营造时，均需要一定的步骤与方法。本章重点介绍社区营造实务工作的五大流程，其目的是培养社区自组织从种子成为大树，从而活化一个社区的内生动力，使社区居民参与到公共事务与公共服务中来。

一 社区资源与需求调查

某一社区营造活动的开展，首先需要进行社区资源调查和社区需求调查。由于社区的需求实际上是社区居民的需求，我们将居民的需求分为两种。

第一，社区内所有居民面临的共同需求。这一类需求通常是社区居民面临的公共物品的供给问题，如社区治安、社区道路、环境保护等。通过对社区居委会干部、普通居民的访谈，以及社区内的实地观察，基层政府或社造型社会组织的调查团队将掌握社区内居民的共同

第三章 组织社造化——社造工作流程

需求状况以及不同类型需求的迫切程度。

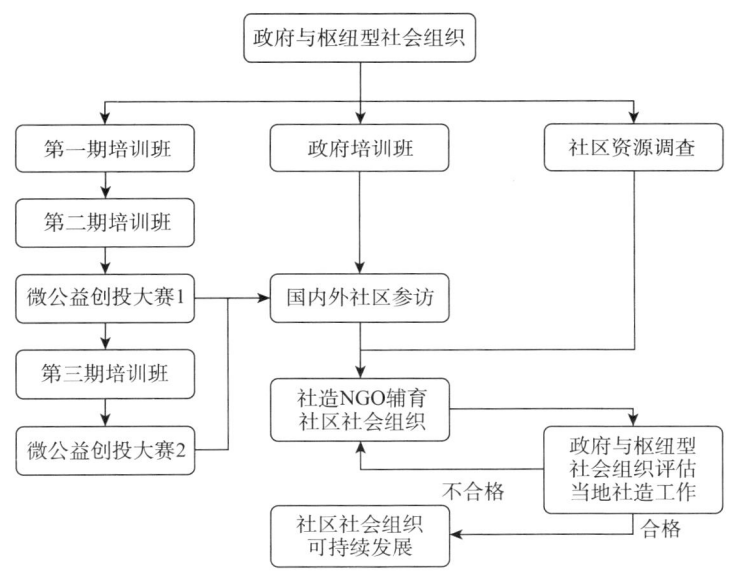

图 3-1 组织社造化工作流程

第二，不同群体所面临的特殊需求。社区居民总是由不同的人员构成的，调查团队将从居民的年龄构成、家庭形态、经济收入形态、人口来源构成等方面来调查。不同的人口构成状况将有不同的需求结构，如老年人占比较高的社区将有较高的养老服务需求，双职工的年轻家庭则有幼儿托管照料需求。不同的收入层次，也会有不同的消费结构和生活方式，对社区生活的需求结构也有很大差异。如果外地人口较多，则可能会有本地人与外地人融合的问题。

社区资源调查则以社区内自组织现有情况为主，主要调查长期存在、至今仍在运作的社区自组织，组织的负责人，以及社区中有意愿、有能力挑起公共事务的能人，还有热心参与的志愿者，他们是发动社区自组织的最重要的资源。

另外一类的社区资源调查，讲求五大面向的共同营造——人、文、地、产、景，调查这五类社区既存的特色。如何把特色营造成社区认同的基础，以及社区产业发展与文化重塑的资源来源？

从"人"的方面来看，比如邓丽君的出生地台湾云林，是一个靠海边的小乡村。虽然她不在那里长大，但云林现在也在利用邓丽君这个"人"的资源做社区营造。云林正在筹建邓丽君纪念馆，布置了她小时候的照片，导览解说邓丽君，成为社区的一个景点，深受游客喜爱。社区营造鼓励社区利用本地名人的资源，介绍名人或是工艺大师，讲述他们做过的事情，这些资源都可以调查出来运用。

从"文"的方面来看，一些重要的民俗节庆祭典文化活动是社区发展重要的一环。大栅栏地区就有十分丰富的文化底蕴，它是徽班入京之地，也是京戏文化的发源地，保留有大量京戏文化的故事及名人、名伶故居。这里还有一些京戏大师的后代在此居住，带动着本地的票戏风气，是国内不多的"传统在地文化"没有送进博物馆而是活生生地留存在现今居民的生活之中的案例。这样的文化是活的，是有生活气息的，也是能够继续演化、生生不息的。对于近四十年处于快速变迁中的中国而言，殊为难得。

"地"的方面，指的是地理环境、气候条件、动植物生态等。台

第三章　组织社造化——社造工作流程

湾著名的桃米村，靠当地丰富的青蛙种类，加上辅育得当，发展成为现在几十家民宿和餐厅聚集的社区。停车场假日人山人海，游人们都要去看青蛙，这是以生态带动经济发展的一个社区。

从"产"的方面来看，不管是农、渔、牧、工、商的产业活动还是产品，都是发展社区营造的资源。比如北京的琉璃厂，就是传统中国买卖字画与文房四宝的地方。至今，该地区还依托此产业，使社区得到发展。又比如，台湾台南生产路上的糖业博物馆，过去是大型制糖厂，但如今糖厂关闭了，而糖业的历史仍然是社区集体记忆与社区发展的中心。

"景"的方面，指的是一些自然景观或者人文景观。比如玄武岩的地质景观，台湾野柳的女王头景观，一间两百多年的老庙，一个已经有一百八十多年的教堂。要营造社区的特色，首先要寻找自己社区的特色。

社区资源调查的目的，在于了解当地的人、文、地、产、景等方面的特征。社区包括城市社区和农村社区，农村社区主要调查具有文化价值、观光价值和产业价值的资源。城市社区可能没有依托人、文、地、产、景发展经济的需求，但主要调查社区居民集体记忆的情况，以及共同认同的价值。

台湾桃米村在9·21地震后调研的案例，显示出社区调研的重要性。震后的社区发展危机，既是契机也是转机，当时台湾的很多社区都在做社区资源调查，想找到自己的特色和需求。桃米村也开始做社区资源调查。桃米村面积8平方公里，是一个中低海拔的小村落。专家发现，虽然桃米村只有竹笋、养菇等少数的种植产业，土地不肥沃，也没有很好的稻米，但是他们的生态资源很丰富。台湾青蛙共有29种，桃米村就有23种；台湾蜻蜓共153种，桃米村就发现56种；台湾鸟类400余种，桃米村就发现72种。其中品种最丰富、占比重最高的是青蛙，所以就选定青蛙作为发展社区的主要特色，青蛙种类经过哺育、育种，从23种变成28种，增加了5种，几乎把台湾主要的青蛙种类都囊括了。生物专家的资源调查成为桃米村日后发展的主要契机。

做社区营造，第一个前提条件是你能不能找到能人。有人做事情，事情才能做下去，所以说有人做事是第一优先的。其次，当然是在有人做事的情况下，越是社区当务之急的需求，就越是重要，越能号召更多的人来一起参与。

在大栅栏街道开始进行社区营造时，第一个工作就是社区需求调查，了解社区到底需要什么。2015年，清华社造团队在大栅栏街道三井社区，共调研流动人口155户以及本地人口中人户同在190户、人在户不在58户，合计403户居民，收集了410份问卷。内容涉及人口生活状况、消费生产情况、社会关系、人际关系网络等，并将这些调查结果做成GIS系统，放在地理信息系统上。

社区社会资本问卷调查[①]的目的，是了解当地人口的结构问题、

---

① 社区社会资本的理论与调查方法与问卷，可详见罗家德、帅满、方震平、刘济帆合著的《灾后重建纪事》。

第三章　组织社造化——社造工作流程

民生问题、日常活动，以及家庭成员等信息。它作为本地所有资源及居民需求调查，用量化数字的方式，不仅能显示需求，更能从中了解当地居民需求的迫切性及需求类型的急切顺序。此次调查中，很重要的一环在于，调查居民参与社区自组织的意愿及参与度，并了解居民所需要的组织类型。在社区社会资本中，人际关系网络是自组织很重要的条件。具有足够强韧的人际网络，才能保证组织的运作及资源整合。因此，问卷中针对人际网络调查的部分，设计了一定篇幅的提问。

问卷分为本地人口问卷和流动人口问卷，可分别看出不同时期进入大栅栏地区的人口对于社区事务参与度高低，所对应需求的不同之处。在社会资本的调查中，区分社区动员模式、外界资源引入、民生需求等不同面向及可能性。借由这些提问所得结果，将对之后的方向进行调整。除了扶持社区自组织的目的外，更希望借此寻找自组织依存脉络，组织与组织之间的联结、自组织与社区之间的关系，以及这些社区自组织能够带给社区何种效益。所有数据都将成为后续活动开展项目的基础依据。

除了定量调查之外，清华社造团队同时进行了定性访谈，对社区自组织做了一次完整的摸底调查，共访谈社区自组织约80家，形成访谈记录共83份。了解哪些组织还在运作，哪些还十分活跃，以及可能被察觉出来的能人。主要目的：一是掌握大栅栏地区现有社区自组织的起源与发展背景（尤其是政策背景、资金支持及社会氛围等），组织与政府以及其他外部力量的关系；二是了解组织发展过程与适应性调整，目前组织服务状态与内容，组织现在面临的困境以及未来的发展展望；三是着眼于人，关注参与服务主体与被服务对象，社区居民的反馈、需求与参与度，在社区自组织产生及发育过程中有可能产生的意见领袖或"能人"等。对大栅栏地区现有的社区自组织资源进行如上几点调查后，根据不同标准，将社区自组织进行分类，比较每一类社区自组织的异同以及发展前景，尝试探寻出一类最具有大栅栏本土化特征、最适合大栅栏地区居民的需要，以及更好发动居民参与到社区营造行动中的社区自组织形式，为下一步进行的引进社会组织、引进管理组织、培育社区自组织等社区营造规划提供第一手参考材料。

除了社区社会资本的调查，另一类社区资源调查包含着人、文、地、产、景多方面。任何地方做社区营造时，要做到两件事，第一个是凝聚社区共识，第二个是发展社区特色。在大栅栏的社造点，耀武胡同是大栅栏投资有限公司在大栅栏地区腾退工作的分界线之一，胡同南侧属于腾退改造示范区，而北侧不是。因此，在该胡同的调查具有一定的代表性，尤其是关于居民对社区建设方面的态度，有重要的代表性。于是，清华社造团队选择耀武胡同开展定性调研，先后访谈约50人次，访谈记录39篇，主要调查了职业与收支、居住情况及搬迁意愿、社会支持、日常生活以及生活中的困难等内容。

2014年，清华社造团队对大栅栏地区的手艺人进行了调查，共访谈手艺人45位。这些手艺人也许就是未来大栅栏地区"产"的一部分，兼具了传统文化传承的意义。

对于城市社区的调查，重点关注社区居民的生活情况、需求情况、社区自组织和能人情况，以及当地人、文、地、产、景方面的资源情况。

二　社区营造培训

举办社区营造培训班，也是社区营造的一个重要的环节，主要目的在于发掘当地社区能人，动员社区居民参与社区营造活动，通过社区营造理念的传播和实务经验的分享，改变社区居民的观念。

尽管每次培训，学员的背景和关注点都有差异，课程内容也会随之进行微调，但培训班的核心理念是不变的。既有专家学者提供丰富的理论指导，又有社区营造实务专家分享具体的案例故事；既介绍海外社造的成功经验，也探讨中国大陆的具体实情。

根据当地社区营造工作所处的阶段不同，社区营造培训班举办的意义和目的也不同。在最初阶段，社区营造培训班主要是为了传播社区营造理念，形成社区营造氛围，带来新鲜的社区工作的方法，逐渐转变社区居民的意识和思路。当社区能人具有一定社区营造的意识和理念后，社区营造培训可以与实务工作相结合，诸如让大家头脑风暴产生社造项目，集思广益写出项目计划书，启动微公益创投项目，挖掘社区能人，形成真实可行的社区营造项目。

当社区能人已经开始实施社区营造项目时，社区营造培训班的功能就凸显为培育小团队发展为更大规模的组织。以清华社造团队在大栅栏的社造培训为例，每年随着社区自组织的发展，都会有不同的培训主题和目标（见表 3-1）。

表 3-1 清华社造团队在大栅栏街道举办三届社造培训班的主题及目标对比

年份	培训主题	培训目标
2015	发掘文化特色的社区营造	强调社区的营造规划对社区文化的传承和创新
2016	共同营造 创想社区	创造多元沟通的平台，交流互助，串起多方共同营造的合作网络
2017	协力营造 共创家园	培育社区自组织向社区协会方向发展

培训班的课程设计旨在手把手教会学员从事社区营造工作，所以课程中既会谈到社区营造的启动方法等方法层面的应用，也会谈到社区营造的基本含义等理论层面的知识。同时，在培训班中，可以在每天晚上安排不同主题的工作坊，让学员们消化并巩固当天所学的内容，在相互交流中碰撞出思想的火花，为最后的课程展示和之后的实务操作做准备。从培训班的筹备方面来看，人员安排、资金来源以及场地物资等方面最为关键。

人员安排方面主要包括邀请主讲嘉宾、招募培训学员，以及组建实施团队。每一期的培训班，都会安排 6~8 位导师及往届学员，从不同的角度谈一谈社区营造。嘉宾的邀请一般需要提前一至两个月进行，给嘉宾老师留出足够的时间进行课件准备及行程安排。

以 2017 年第七期社区营造培训班为例。这次培训邀请到了来自两岸的社区营造理论及实务界的专家，包括清华大学社会学系罗家德教授，台湾文创发展基金会董事、台湾文创发展股份有限公司营运长李正芳，台湾社造联盟理事长、吾乡工作坊执行长卢思岳，爱有戏社

第三章 组织社造化——社造工作流程

区文化发展中心创始人、主任刘飞，南京互助社区发展中心理事长阿甘（吴楠）以及理事周思颖。

社区营造培训班的学员，一般分为主动报名和定向邀请两种。主动报名的方式包括通过邮件、公众号推送、圈子内部发布招募信息等途径进行宣传，并通过公共渠道进行报名。确定参加培训后，需要向学员发送本期培训班的议程及课表，以便学员掌握培训动态信息。还要设立一定的奖惩机制，保证学员参与培训的积极性。定向邀请需要设定培训目标后，邀请目标群体参加培训。培训学员的身份、领域可以多元化，更有利于学员间的互动和交流，以及对同一事件基于不同观点的探讨与思考。

以 2017 年第七期社区营造培训班为例，来自全国各地的 53 名学员，共同参与到此次培训当中。他们中有社区自组织的负责人 31 人，社会组织伙伴 12 人，政府的社区管理部门工作人员 3 人，立志于社会企业探索的企业代表 3 人，以及 4 名高校学生。

培训班课程需要根据学员的需求而设计，同时需要考虑学员的接受能力，尽量将讲解和讨论相结合，设置互动讨论和工作坊等环节，并在每天课程开始时进行期望管理，每天课程结束时进行回顾总结。

2017 年第七期社区营造培训班加入了电影赏析环节，同时，每节课程的讲解都配合了工作坊、讨论、展示等环节，起到学中做、做中学的效果。以下是 2017 年 3 月大栅栏社造培训班案例。

图 3-2　第七期社区营造培训班现场全景图

表 3-2　2017 年社区营造培训班课表

姓名	讲课时间	题目
李正芳	3月24日上午	平台与孵化——城市里的创意江湖华山1914
李正芳	3月25日下午	华山1914文创园区的实践报告
卢思岳	3月24日下午	社区参与、动员与组织经营
卢思岳	3月25日上午	社区文化发掘与产业创意运用
刘飞	3月25日下午	社区可持续发展路径探索
吴楠、周思颖	3月26日上午	社区互助参与营造模式解析
吴楠、周思颖	3月26日下午	社区互助参与营造模式解析
梁肖月	3月24日晚上	社区营造电影赏析

①李正芳老师"平台与孵化—城市里的创意江湖华山1914"以及"华山1914文创园区的实践报告"

李老师讲述了华山文创园区从一个默默无闻的废弃造酒厂发展成为如今的台北地标，成为容纳人数最多的 live house 的过程。从前长满爬山虎的低矮楼房，现在却成为拥有最高评价的两个园区影院；当时萧条的工业区，现今成了拥有最前卫的咖啡厅、书店、音乐、餐厅的年轻人聚集地。从产业和文化共同出发，以及十年的坚持，才有了今天华山创意园区的成功。从公益出发的画展、教育展，创新又有意义的文创活动，新型分享互动模式的书店，这些行动的初衷和效果，都能为各地社区营造行动提供借鉴。

表 3-3　2017 年第七期社区营造培训班议程

时间	时段	时长（分）	课程名称	嘉宾/讲师姓名
第一天	14：00-14：05	5	开场	梁肖月
	14：05-14：20	15	开班仪式	街道领导、罗家德教授
	14：20-14：30	10	全体合影	—
	14：30-14：45	15	第一天培训期望管理	梁肖月
	14：45-17：15	150	课程：社区参与、动员与组织经营	卢思岳
	17：15-17：30	15	第一天培训回顾	梁肖月
	17：30-19：00	90	晚餐及休息	—
	19：00-21：00	120	社造影片赏析《平淡的生活》及《古川町物语》	梁肖月
第二天	09：15-09：30	15	第二天培训期望管理	梁肖月
	09：30-12：00	150	课程：社区文化发掘与产业创意运用	卢思岳
	12：00-13：30	90	午餐及午休	—
	13：30-15：30	120	课程：社区可持续发展路径探索	刘飞
	15：30-15：45	15	休息	

续表

时间	时段	时长（分）	课程名称	嘉宾/讲师姓名
第二天	15：45-17：15	90	课程：华山1914文创园区的实践报告	李正芳
	17：15-17：30	15	第二天培训回顾	梁肖月
	17：30-18：45	75	晚餐及休息	—
	18：45-21：00	135	社造电影欣赏《海角七号》	梁肖月
第三天	09：15-09：30	15	第三天培训期望管理	梁肖月
	09：30-12：00	150	课程：社区互助参与营造模式解析	吴楠团队
	12：00-13：30	90	午餐及午休	—
	13：30-15：30	120	课程：社区互助参与营造模式解析	吴楠团队
	15：30-15：45	15	休息	—
	15：45-16：00	15	社造培训班回顾	梁肖月

②卢思岳老师"社区参与、动员与组织经营"以及"社区文化发掘与产业创意运用"

卢老师讲述了什么是社区参与，"参与"和"动员"一体两面的概念，以及社区志工招募和自组织经营的方法与渠道。从宜兰的社区日历/月历，到台中市福联社区、基隆市巴塞隆纳社区的案例，通过每一个鲜活的事件，为大家展示社区营造想要达成怎样的愿景，如何达成这些愿景。也通过这些翔实的案例，为大家展示了参与社区营造的种种方法，尤其是社区自组织中的组织者如何定位自己、工作态度和工作方法等内容。卢老师提到，有了社区文化，还要挖掘社区能人，争取资源、项目，进行培育、传承及宣传、发扬等一

第三章 组织社造化——社造工作流程

系列工作。为了能够更加深刻地理解社区营造，卢老师为大家分享了宜兰苏澳白米木屐村的案例和"八八风灾"礼纳里永久屋基地的案例，指出发掘社区文化与产业创意运用的主要内涵有四点：文化内涵、生态内涵；深度体验、慢速体验；在地知识、就地学习；用异乡之眼发掘、运用自己的宝贝。

③刘飞老师"社区可持续发展路径探索"

刘飞老师讲述成都"爱有戏"发展历程，以及在成都肖家河街道进行社区营造的案例。通过介绍义仓、义集等项目的组织形式、兴起原因、发展、资源来源等，强调活动项目化、项目组织化、组织再组织三个关键点。

④吴楠老师团队"社区互助参与营造模式解析"

吴楠老师以一个真实的案例为引子，讲述了社区营造对我们生活的改变。他讲了一个网球俱乐部的例子。八年前一个老人三天的等待，结果是九个人的集结；而八年后，他们则成了全中国最大的社区网球俱乐部。这就是社区营造带来的变化。周思颖老师为大家分享了南京翠竹园互助会的经验研究，分享我们要做城市居住文明发展的倡导者、社区互助参与营造的践行者，努力提升社区居民的幸福指数。幸福指数提高后，居民会对社区会有一种强烈的认同感，邻里互助的氛围由此形成。

在社区不断培育各种活动，希望大家可以通过参加活动，将社区陌生人变成熟人，实现持续的活动，有不断扩张的可能性。正如吴楠老师说的：我们解决不了所有问题，但是我们可以提供解决所有问题的资源。我们建立的是巨大的资源网络，通过这种互动来解决社区老中青所有的问题。我们做的是为大家打造所有资源集结的平台。

社造培训班还可以利用新媒体搭建学员线上交流平台，更为人性化地传递社造理念和经典案例。

第七期社区营造培训班，首次尝试使用微信群搭建学员间的交流平台。由于此次培训班共53名学员，人数较多，为了便于学员间的交流，特在招募外部伙伴时建立了名为"第七届社区营造伙伴群"的微信群。通过群内自我介绍、当天工作分享以及课程期待等几个话题，引导报名的学员进行讨论和互动。在开班后，又建立了53人的微信互动交流讨论群，名为"社造伙伴"，并通过课堂互动的形式，鼓励大家相互交流。由于此次培训班已经是第七届社造培训班，前六届社造班的学员仍时有互动，因此在本次社造班结束前，将第七届社造班学员邀请进入了"社造培训班–清华社造中心"的微信群中，未来也将继续在此群交流互动。

在社造班举办期间，社造团队对每天培训的重要内容及时进行总结梳理，并制作成信息稿对外宣传推送，让没有参加社造班的伙伴也可以随时了解培训动态。同时鼓励培训学员进行宣传推广，将培训知识和心得传递给更多的伙伴。

以第七期社区营造培训班为例。在培训班举办期间，记录当日培训要点和精彩内容，在"社区营造研究"的公众微信号中进行推送，并转发至多个微信群中，供大家回顾和交流。

第三章 组织社造化——社造工作流程

图 3-3　回顾信息之一　　图 3-4　回顾信息之二　　图 3-5　回顾信息之三

另外，以上海市嘉定区 2016 年社区营造培训班为例，为实现学员理论水平和时间思路都有所提升的目标，其所需深究的主要课题可分为如下几个层面。(1) 社区培力、学习成长、落实扎根。通过社区营造理念的学习及落实扎根，以培养社区民众参与社区公共事务及规划社区发展方向与活动执行的能力，使其能真正达到自主性参与、协助地方社区营造组织经营，并辅导其正常有效运作，从实践中学习，达到技术移转、经验传承的目的，与社区工作的理想。(2) 发掘特色、资源整合、公私合作。善用地方特色资源，建立社区发展整合性资源架构，培育各类社区营造所需的理论与实务兼具的工作人才。连接行政部门相关单位及民间企业可用资源，整体有效运用，塑造具有地方历史脉络与人文特质的生活居住空间。(3) 创新典范、文化再造、整体提升。创造"生活、文化、艺术、产业、休闲"五合一的新社区典范。以艺术、文化、特色产业结合地方传统优质群聚生活方式，塑造独特的地方生活风格，促成艺术、文化、产业、观光及生活环境的整体提升与再造。

嘉定区工作坊的内容主要包括以下几点。（1）深化社造理念。本次培训为了让学员们更好地理解、掌握"社造"理念，真正有所收获，培训班改变传统的学习教育形式。通过王本壮老师和信义社区营造中心团队以大量的案例生动阐述"社造的理念"以及"社造项目"带来的变化，为基层社区治理提供崭新的理论依据和可操作步骤。（2）强化自主管理。为了更好地进行培训班管理，在培训班开始前，专门设立了班长，学员们则打乱街镇学员座位，分成八个小组，每组推选一名组长。各组组长分别引导学员开展小组议题讨论、制订项目方案。在破解社区难点议题的互动环节中，各组学员们互助讨论，发挥团体力量，共同进行议题解决的策略探讨，将方案通过杂志剪贴、手工绘画等文字和图片相结合的形式，展现在大卡纸上。上台展示的各组在阐述时，都滔滔不绝地阐述自身的理念与想法。（3）注重实际操作。"社造"不是成果，"社造"是"造景、造人、造社区"的过程。通过对社区长期存在的难点议题，以"社造"的理念和方法，形成创新构想，每个环节都进行实践讨论和专家点评，再进入分享讨论、方案优化等环节，最终形成一个较完整、可实施的方案。四个议题完成了八个各具特点的方案：物管回家、青青改造家、同乘共享携手回家、同檐家园、宠物情缘、"犬"力以赴等。

三 微公益创投——找出能人与社区自组织

社区营造培训班之后,社区居民开始具有一定的社区营造理念,此时进入社区营造实施阶段。本节主要介绍微公益创投项目的具体操作方法。

微公益创投项目是以项目制为切入点,引导社区能人参与到社区营造过程中的一种方法。项目制本身只是一种方法,而非最终目的。对于社区居民而言,主要目的在于发现身边的社区能人,鼓励并引导大家共同完成一件事情,同时希望此过程保持长期性,以使社区自组织可以经历一定时间的磨合,从而带动社区更多的能人加入进来,壮大社区自组织。

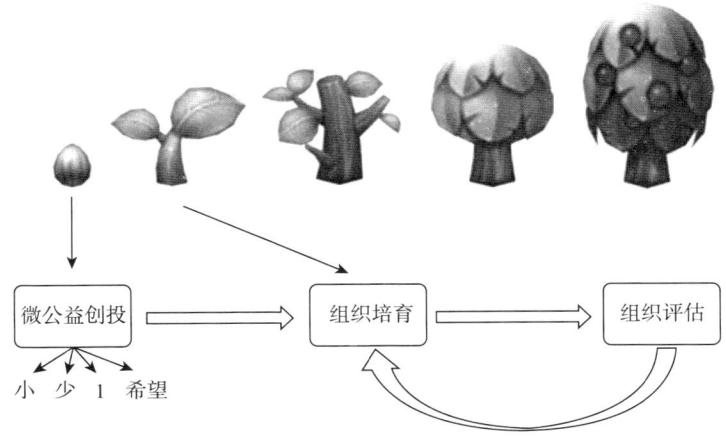

图 3-6 组织社造化之微公益创投

微公益创投从抚育种子开始，经过组织培育过程，不断进行培力和陪伴，种子将不断发芽、成长，变为小苗、小树、大树。在此过程中，每一步发展变化，都需要配合组织评估的过程。例如，种子发展到何种阶段可以成为小苗，小苗通过何种变化可以成为小树，小树又将经历怎样的过程成为参天大树，这些过程都需要组织评估环节进行判断。然而，组织评估并不是以监督和控管为目的，而是为了以评促建，提前告诉社区自组织哪里是方向、哪里有荆棘、何处可以找到解决问题的途径，可以视为组织培育的补充和配合的方式。

（一）什么是微公益创投？

先来说说公益创投。"公益创投"四个字其实可以拆分来看，分为"公益"和"创投"。创投这个词最早不是用于社会领域，而是经济领域，主要是指风险投资或者创业投资。创业投资是指专业投资人员为以高科技为基础的创新公司提供融资的活动，一般是为没有公开上市的企业投资。他们的兴趣不在于拥有和经营创业企业，其兴趣在于最后退出并实现投资收益。与一般的投资家不同，创业投资家不仅投入资金，而且用他们长期积累的经验、知识和信息网络，帮助企业管理人员更好地经营企业。在创投两个字前面加上"公益"二字，实际上是将经济领域中的"风险投资"或"创业投资"理念延伸到公益社会组织的培育发展之中。简单来说，就是以公益的方式，进行创业和投资。

第一个字"微"，实际表达出一种规模小、数量少、从无到有、充满希望的状态。同时，也是将公益创投落地到社区的一个过程，主要目的是培育社区自组织，在社区内进行公益性创业投资。可能创投更多的是要实现经济领域中投资带来的收益，而微公益创投则是要实现在社会领域中，通过微公益创投的方式带来的社区内的社会效益，并以培养初创期的社区自组织为目标。

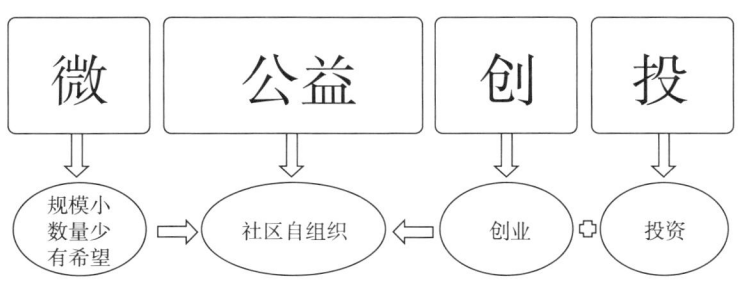

微公益创投是将经济生活中的"风险投资"或"创业投资"理念延伸到社区内的社区自组织的培育和发展之中

以公益的方式，进行社区创业和投资

图 3-7　微公益创投释义

微公益创投不是一项短期的工作，而是需要坚持几年甚至十几年的长期性工作。在此过程中，要不断地挖掘社区能人，寻找社区自组织，并持续进行种子资金的支持，进行培力和陪伴的工作，让社区自组织萌芽、发展、壮大起来。

2015 年，北京市西城区大栅栏街道进行了第一届微公益创投活动。在北京市民政局福利彩票公益金的资助下，在李洁领导的梧桐社区大学与清华社造团队共同合作下，从 9 个社区 37 个自组织申报的项目中，通过评选方式选出了 20 个自组织作为培育的"种子"。经过为期一年的辅导、观察和评估，在 2016 年选出了 8 个"种子"成为"小苗"继续进行培养。

2016 年，在北京市西城区大栅栏街道办事处的资金支持下，在北京市西城区群学社区服务中心与清华社造团队的合作下，举办了第二届微公益创投活动。寻找出了 34 位能人，形成了 19 个自组织"种子"，并通过立项评审和展示的方式，选出了 16 个自组织"种子"进行培育。在进行微公益创投前，清华团队已经对大栅栏社区营造过程有了整体计划和路径设计。

阶段	数量（个）	时间 第一年（已实施）	第二年（正实施）	第三年（计划）	……	……	……	资金用途	支持资金额
孵化期（微公益创投）	"种子"数量	20	16	18	……			项目支持资金	5000 元
培育期（组织培育）	"小苗"数量		8	8	10	……		组织培育资金	10000 元
发展期	"小树"数量			2	3	3		配套支持资金	20000 元
……									
合计		—	20	24	28	……		—	—

图 3-8　大栅栏街道社区营造组织培育路径

图 3-8 即为大栅栏街道社区营造的路径，清晰呈现出在不同时间维度下，社区自组织的分层培育过程、资金支持力度以及预期发展结

果。社区营造无法立竿见影，是一个漫长的变化过程。具体来说，已经结束的第一年微公益创投项目，孵化了20个"种子"，每个"种子"的支持资金是5000元。正在进行的第二年微公益创投，挖掘出16个"种子"进行孵化，并从第一年抚育后的"种子"中选出了8个作为"小苗"，继续进行第二年的培育。此时，每个"小苗"的支持资金为10000元。同时，资金支持方向也由第一年的项目支持资金，变为了组织培育资金。目的是让"小苗"进一步组织化，并通过稳定的组织形态发展出关注社区民生的社区公益服务项目。待发展到第三年时，预计还会有18个"种子"、8个"小苗"进行培育。此时，计划出现两棵潜在的"小树"，预计共有28个社区自组织得到不同层级的支持和培育。同时，对于"小树"的资金支持方式不再是单纯的给予，而是期待其能够筹集到更多元的资金。如果筹集到外部资金，将最高配比支持资金20000元，用于组织建设和项目支出经费。未来，大栅栏街道还将继续进行能人的挖掘、"种子"的培养、"小苗"的培育，这将是一个十几年甚至是几十年的过程。

（二）微公益创投的多元力量分析

在微公益创投的实施过程中，需要多方合力，共同推进，才能有效实施。多方包括社区能人及社区自组织、社造枢纽型社会组织、社区两委一站以及街道办事处等。每一方都有自己的功能和作用，共同协作，各司其职，微公益创投才会发挥出效果。

社区能人们在自组织中起到的是主导的作用，自己做组织工作计划，自己负责财务管理。自组织实现自我管理，进而达到自我造血的目标。社区自组织不再只是参与或参加者的角色，而是从参与者变为实施者。此部分具体实务操作方式，详见第二章。

社区党委、社区居委会、社区服务站以及街道办事处，在微公益创投中的作用非常关键，甚至比没有社区营造前的作用更为重要。因为他们需要起到支持自组织、协调各方资源、为自组织进行培力以及监督等作用，相当于整个社区营造的掌舵人角色。此部分具体实务操作方式，详见第四章。

外来的社会组织，我们也称之为具有社区营造理念的枢纽型社会组织，在微公益创投中起到传播理念、陪伴辅导和培力培育的作用，发挥着本章所阐述的组织社造化的功能。清华社造团队与西城区群学社区服务中心即扮演着此角色。

三方协作，共同推进社区营造工作，以微公益创投为方法，最核心的目标是要促进人的改变。

（三）微公益创投的实施步骤

微公益创投的实施是有一定的方法和步骤的，从社造枢纽型社会组织的角度来看，一般分为四大步。第一大步是跟社区两委进行沟通，与社区两委形成合作关系，并明确目前微公益创投所处的阶段和开展的工作。第二大步是对社区能人的挖掘。第三大步是对社区自组织的辅导，主要体现为辅导项目计划书和资金预算表。第四大步是自组织计划书的展示和评选，选出具有潜力的自组织"种子"开始进行培育过程。根据每个社区的实际情况，四大步过程会细分为若干个小步骤，目的是提高实际操作的可行性。

以2016年大栅栏街道第二届微公益创投活动为例，共分为九个步骤开展实施，分别经历了：

①与社区书记、主任的沟通；

②社区宣讲会；

③与社区能人沟通微公益创投项目；

④开展活动追踪及跟访；

⑤鼓励社区自组织内部进行讨论并确定实施计划；

⑥对社区自组织的项目书撰写进行辅导；

⑦对项目资金预算进行辅导；

⑧项目优化以及立项评审会汇报展示排演辅导；

⑨最终形成微公益创投项目方案。

图3-9就是某一次公益微创投的工作流程，两个月间完成了九个步骤，并分别介绍这些步骤的工作方法。

1. 举办微公益创投宣讲会，社区营造理念入民心

为了进一步扩大微公益创投项目的宣传力度，使社区营造理念深入社区居民心中，清华社造团队于11月至12月间，在6个社区居委会举办了6场"共同营造有温度的社区家园——大栅栏街道第二届微公益创投社区宣讲会"，共吸引来自百顺社区、石头社区、铁树斜街社区、延寿社区、大安澜营社区、煤东社区、前西社区、西街社区八个社区的92人。宣讲会上为大家带来了社区营造影片、国内外社区

营造实务经验，以及大栅栏首届微公益创投项目的案例，现场居民纷纷表示希望参与第二届微公益创投项目。

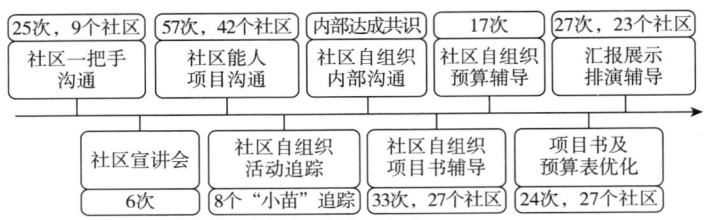

10月22日～12月29日189次跟进辅导

8个"小苗"：51次，8份项目书

34个"种子"：107次，20份项目书，19个"种子"参加立项评审

9个社区：31次当面沟通

图3-9 九轮推进流程

图3-10 2016年12月12日百顺社区宣讲会

2. 与社区能人进行沟通及辅导，形成自组织项目申请方案

经过与社区一把手的沟通，让社区的工作人员深入理解社区营造理念，通过社区宣讲会的方式，广泛宣传大栅栏街道第二届微公益创投项目参与方式、目的和意义，并使社区营造理念深入民心。在此基础上，进行了社区能人的访谈及自组织项目书撰写的辅导，收获了社区能人的认可，积极踊跃申报微公益创投项目。

3. 举办立项评审说明会，优化项目书，并进行立项评审汇报展示排演辅导，提升社区能人、社区自组织梳理和汇报的能力

经过两个月的辅导，挖掘出的34位能人中，形成了20个自组织"种子"，它们基本具有自组织形态和团队内部分工，也都在开展着多种类型的社区公益服务活动及项目。然而，由于社区能人大部分都是首次撰写项目申请书，没有太多的经验，因此，中心对所有"种子"进行了项目书优化，最终形成19份项目书参加立项评审会。

中心于2016年12月22日在大栅栏街道社会组织孵化基地召开了"大栅栏街道社会组织及第二届微公益创投项目立项评审说明会"，主要目的是邀请能人到新建成的社会组织孵化基地，明确立项评审会举办的时间、地点、形式及流程，同时在现场以视频和图片的形式为大家展示汇报，并鼓励社区能人可以发挥自己的创造力，结合自组织的实际活动内容，利用PPT演示、大白纸、视频、图片展示以及口头叙述等方式，进行项目展示及汇报，让更多的社区居民了解自组织的活动及项目，并吸引更多的居民参与到活动中。同时，还与大家分享了立项评审会的指标以及注意事项，目的是以评促建，更好地让"种

子"们了解未来的发展方向和组织建立时所需要经历的过程。

4.举办立项评审会，招募社区居民大众评审，搭建社区能人及社区自组织的展示平台，形成大栅栏地区社区能人及自组织的关系网

经过两个多月的能人挖掘、"种子"辅导、项目撰写辅导、项目优化、汇报排演等流程后，终于迎来了立项评审会，算是对此阶段的一个总结汇报。对于自组织来说，此次评审会虽然不淘汰"小苗"，但是19个"种子"中需要淘汰3个，并且要接受专家评审和大众评审的双重考察。专家评审共邀请了来自三个领域的专家进行评估，分别从社区营造自组织领域、项目管理领域和财务管理领域三方面进行考核。大众评审的判断，主要在于是否喜欢自组织设计的项目和活动。

四 培育社区自组织——引导社区自组织的发展

社区自组织（包括居民的楼组自治点、能人组织的非正式团体，以及经过政府辅导登记的正式团体等）要求比较常态化的运作。以楼组自治团体为例，每个居委会都会有一个名册，经常参与的人、主要活动地点、社区自组织的负责人，每次在活动现场，会由负责人简单记录一下。社区自组织的形成有两种方式：一是社区中自发形成的社区自组织，这些多是基于兴趣爱好形成的，大家相互投缘而在一起活动；二是社区居委会提供充分良好的活动场地，号召大家走出家门，来到公共场所活动，逐渐展开了社区自组织的过程。

以上海市嘉定区睦邻点为例，在2013年以睦邻节的形式开展，

第三章 组织社造化——社造工作流程

目的是让各个社区中的自组织走出社区，相互学习。这种方式扩大了参与群体，而不是只有老人，它将各年龄段的人吸引进来，并能将原来相对隔绝的社区自组织串起来，打破原来的人数固定、人员封闭的情况。睦邻节一般是上半年开幕式，下半年闭幕式。在此之间，社区围绕各种不同的形式开展活动。通过活动的开展、经验的丰富，睦邻节的形式也在不断变换更新，力求探索符合嘉定区、适应时代潮流的新形式。第一年（2013年），各街镇都有开幕式和闭幕式。第二年（2014年），各街镇都有专场。第三年（2015年）有不同的主题，各街镇可自行申报主题，社建办出8个主题，还可自行拓展，不限此主题，可结合传统节日，一个街镇可以做多个主题。

在睦邻节的举办过程中，社建办是主办单位，街镇政府协办。经费方面，只是资助，但并不由区财政全拨，以街镇财政为主，居委会的钱也是街镇为主，因其无独立财政账户。很多睦邻活动多是居民自己来举办，居委会、街镇只是搭建平台。群团组织一直都参与睦邻节的活动，2015年在探索专业的社会组织参与时，具有明显的成效，仅区级层面就有4家组织参与睦邻节。

睦邻节的展台是由众多居委会来布置的。居委会会邀请社区居民展示睦邻成果，其中包括很多社区自组织的成果。基本上每个社区都带了两到三类作品。一些居委会根据自己社区的特色进行展示。例如一些团队带来的串珠、手工小作品，其实是他们的群工团队在平时的活动中做出来的，睦邻节开幕式给了他们一个展示成果的机会。一些老社区针织的东西比较多，也会送给社区的弱势群体，以前还给保安织过红围巾。一些原来的乡村社区有织老布的工作坊，他们会去乡宅各处，将传统的花纹颜色挑出来，制作成现在用的钱包或者旗袍。所有的衣服都是他们手工制作的，主办方为他们提供了衣架进行展示。

这种开幕式成为自组织发展过程中一个成果汇报展示的机会，在展示过程中，不断与其他团体进行交流互动。这种展示平台进一步调动了这些自组织的积极性，鼓励其发展。可以在这些平台上开始进行一些微公益创投的项目评选，这样便能给一些较为优秀的自组织一定量的资金，赞助其更进一步发展。在自组织进一步走向成熟的时候，积极引导这些团体参与社区公共事务议题，引导参与同政府的协商。为了促进其进一步的发展，应引入社区营造型社会组织，进一步增加对这些社区自组织的培训，深化嘉定区发展社区自组织的经验。

社区自组织是基于大家兴趣爱好一致，才慢慢走到一起的。它们可能是自发的，可能是社区居委会发现有需求，慢慢组织起来的。一些社区小团体在其不断地发展壮大之后，会更加规范成熟，条件合适的情况下，便可以发展成为一支社区自组织，由社区自组织逐步发展起来。成员最初并没有想到要组织一支队伍，大家只是到这里来交流、跳舞、放松。有的舞蹈队觉得跳得还不错，便购置了统一的服装，然后向居委会咨询，有没有相关的比赛，他们的团队可以去参加。

在这些社区自组织逐渐发展之后，居委会希望能够积极引导，组织培训，使这些社区自组织走向专业化，更上一层楼，成为"专业委员会""社区协会"之类的社会组织。还可以登记注册，能够开展更为专业的服务，也可以为其他未成熟的社区自组织开展一些培训业务。

第三章　组织社造化——社造工作流程

在街镇、社区居委会对社区自组织进行有效引导的时候，可以用微公益创投的方式来开展。即由区政府或街镇拨款设立基金，让每个社区自组织以自己擅长的方式来申请这些基金，以项目的方式来完成这些基金所要求的任务。这些项目的申请要以竞赛的方式来进行。在申请过程中，由相关的专家来对这些项目进行点评、评比，优秀者通过申请，并获得资金。项目申请成功后，则由专业人士来指导这些项目，积极引导这些社会组织的发展。最后结项时，再次点评验收，指出其项目运作过程中的优势和不足，以引导其进一步发展。

在培育社区自组织发展之后，需要对其加以培训、辅导、评估，以让其从"种子"长成"小苗"，从"小苗"发育为"小树"，最后给"小树"成长环境，让其发展为"大树"。那么种子、小苗、小树、大树是如何区分的？

种子可以理解为小团队，当社区能人和小能人之间达成了共识，形成了认同感，并初具组织形态，形成小团队，一般认为进入了种子阶段。初始团体一般人数不多，主要依靠志愿者精神来维系，会产生组织内部的认同感。此阶段属于成本大于利益的时期。在此阶段，主要需要培养自组织内部形成核心团队，具有职责分工，团队成员根据共同的兴趣爱好，尝试进行团队协作。例如共同组织一场活动、共同申请一个项目，逐步提高其举办活动的能力、项目管理的能力、活动记录和档案资料留存的能力以及项目资金规范使用的能力。

小苗可以理解为小协会，有三五十人。在此阶段，需要引导其建立团队规范，关注社区公共事务，并可以发挥自己的智慧和力量，不仅是自娱自乐，而且能够参与到社区公共服务当中。在此阶段，需要培养其组织管理能力，使组织制度化、自治理、可持续。

小树可以理解为协会，具有独立法人资格、独立资金账户的实体。例如一个社会服务机构、社团或是一家公司。在此阶段，需要引导组织内部建立自治理机制，培养其独立申请外部资金，或逐步进行自我造血的能力。例如通过众筹、自筹、捐赠、政府资金申请等渠道，获得更多的资金和资源，所做的事情能够跟本地社区公共事务相结合，具有更高的社会服务功能。

大树可以理解为当地社区协会，可以从一个社区扩展到几个社区，同时功能开始分化，从一种功能扩大到多种功能。在此阶段，需要培养其协调、盘活当地资源的能力。例如一个街道或乡镇范围内，将本地资源再分配，吸引更多外部资源。还需要引导其逐步扩大执行和监督的范围，建立完善的治理机制。

往往一个地区能够有一棵大树，整个地区就活了。当地文化得到活化，资源得到有效利用，自组织具有自我造血的能力。每一个阶段有不同的辅导方法，过程也相对漫长。从一个种子开始，通过培力和陪伴，逐渐发展成为大树，需要各方的协力，更是一个改变人的行为的过程。

五　组织评估

为了及时有效掌握社区营造培训、调查、微公益创投的进展状况和开展效果，在社区营造开展过程中，将建立起有效的评估机制，主

第三章　组织社造化——社造工作流程

要针对已经开展的社区营造培训班、社区需求调查、社区资源调查、微公益创投四方面的活动。过去"输血"式的评估，是考察接受社会服务外包经费的单位办了多少活动，服务了多少人。但着重"造血"的评估，却会着眼于将社会服务外包资金当"种子经费"，评估接受资金与辅导的社区自组织在上述自组织过程中成长、茁壮与成树的发育状况。是不是有固定会员？有多少志愿者？组织结构如何？有无自治理机制？有无监督、声誉、互惠机制？需要仔细考虑这些问题。

评估过程要坚持三个基本原则：第一，独立性，即活动的评估者与开展者之间保持一定的独立性；第二，客观性，即活动的评估者要本着实事求是的客观精神，评价活动开展状况，以保证评估的公信力；第三，激励性，即评估要有一定的引导作用，激励相关活动朝积极的方向发展，以促进活动有序开展。

评估机制的建立及评估活动的开展，能有效地掌握活动进展情况，为活动的开展提供方向性的保障。

此部分具体操作方法，详见第四章。

附录 3-1　五十个切入社区营造的方法*

五十个切入社区营造的方法，一般在外来社会组织进入社区时使

---

* 《五十个切入社区营造的方法》由曾纪平提供。本文所有权与修改权都归曾纪平所有。如需引用，请与原作者联络。

用，同时也鼓励社区组织自我组织活动过程中使用，也可以作为动员居民参与社区公共事务的方法来使用。很多社区营造界的实务工作者提出过切入方法和手段，但将社区营造方法总结和归纳最完整的是台湾的曾纪平老师，这些方法在社区营造领域被广泛学习和使用。曾老师是台湾救助协会主任、台湾救助协会成都办事处主任，具有20年社会组织服务经验，一直致力于社会组织的专业培训工作。以下切入社区营造的五十种方法，由曾纪平老师提供。

社区营造，就是要把社区资源做一个整合跟发展。一般来讲，社区资源分为人、文、产、地、景。"人"就是居民；"文"就是当地的文化、传统；"地"就是当地的地理环境、地理位置有什么优势；"产"就是当地有什么产业；"景"就是有什么景点。

做社区工作，我们要掌握的资源，大概就是这几个方面，从这几个方面去营造一个新的社区，新的生活环境。但是每一个社区，因为条件都不一样，所以做法也会不一样。这五十种方法是综合来谈，不是一个社区要全部用到这五十种方法。

（一）居民要参与设计

所有的过程都必须是由下而上。做社区营造的基本理念，就是由下而上，不是由上面指定下来，或者安排下来。社区营造就是引导居民自动、自发参与，自己来设计自己的社区，由居民自己决定社区将来要走到一个什么样的方向。所以如果有居民的参与，就多一份居民的构想，多一份居民的感情，觉得这个地方是居民自己营造出来的。

第三章　组织社造化——社造工作流程

（二）发行社区刊物

社区刊物是不对外发行、专门服务社区的刊物，刊登社区的地理文化、邻里间的故事和居民的需求。譬如，在海淀区可以办一个《海淀之声》，海淀的人、事、地、物都可以在《海淀之声》上面发表，这叫作社区报，是社区的传声筒，是社区的人分享社区事情的途径。台湾很多社区都有自己的社区刊物，例如屏东县万丹乡的《乡音》。台湾在"解严"以前，是不能够随便出版刊物的，所以台湾社区营造的工作，差不多是从"9·21"地震之后才开始蓬勃发展的。在那之前，发展得非常缓慢，社区刊物的发展会受到背景环境的影响。

（三）社区读书会

社区读书会的主旨就是"活到老，学到老"。居民对读书会的概念有时候会比较狭隘，其实社区读书会不一定是读一本书或读一篇文章。台湾的读书会现在办得很活泼，它聚焦在居民团体，通过分享各自的生活进行交流。举例来说，读书会需要有一个特定的群体，不是随便找路边上的人凑在一起。这个群体要有固定参加的人，固定带领的人或是大家轮流带领，在固定时间聚在一起。一般来说，读书会一个班二十几人，规模算比较大了，十几个人分享比较合适，也会交流得比较深入。最重要的是，读书会的内容可以是很丰富的。可以是会员们自己带一张照片，家里的或是最喜欢的照片，十几个人相互分享自己照片背后的故事。也可以是每个人在参加读书会时带一种水果，有人带西瓜，有人带苹果，有人带番石榴，然后交流为什么带这个水果，对这个水果的认识有多少，分享自己了解的营养价值信息，通过水果这一个焦点分享故事。读书会作为社区营造的一种方法，能让大家聚在一起，表达自己的看法，分享自己的故事，聆听、交流，能让居民对彼此了解得更多，更为熟悉。

（四）推行环保运动

社区可以发动居民一起捡废品，进行资源回收的环保运动。社区居民一起捡可回收物和失业者在大街上捡垃圾的意义全然不同。第一，大家一起捡，捡来的资源归社区，不是归自己，全部集中放在社区里的某个地方，然后社区的人会去整理。卖废品的时候作为社区的经费，钱不一定很多，但是它能起到很好的效果，鼓励大家收集废品。第二，参与环保运动的人会很多，因为人人都可以做，大人、小孩都可以尽自己的一份力。第三，经过居民自己的努力后，社区会变得很干净，让人很有成就感，可以增强居民主人翁的意识，更好地保持社区的整洁。

（五）守望相助

在大陆，有的社区会雇保安或是请保全公司在社区巡逻，保障居民的安全。在台湾，很多是社区的人自己组织，社区集体出一点钱，或是发一些纪念品、做一套制服，让居民自己成为巡逻队员，从晚上10点开始骑着摩托车或骑着自行车进行巡逻。一般都是年轻人出来巡逻，有时候年纪大的居民也出来，都会比请来的保安巡逻得更仔细。同时，通过居民自己保护自己的社区，也增强了对社区的归属感。

（六）社区的绿化、美化

大陆现在的社区绿化、美化都做得很不错，因为有专门的组织来管理，大部分社区由管委会或者物管公司管理。但是社区环境的绿化、美化，可以由居民自发组织来做。在台湾，会动员居民自己设计，做成社区公园。木工、水电工可以雇技术工人来做，但是铺草皮、种树、铺石头的工作，就可以让居民来参与。让社区为参与的居民提供盒饭、饮料，提高积极性。还可以让孩子、老人做绘画工作，装饰公园。

（七）开社区研习班

社区里有很多有空闲时间的妇女、退休的中年人，可以通过开社区研习班，丰富他们的生活，也可以活跃社区内的人际关系。研习班可以有很多种，书法班、烹饪班等。在这里分享办电脑教学班的经历。

一开始，我们进社区教电脑的时候，参与的学员都是社区的一些大姐、大哥。这样的人在开始学习时，完全不熟悉电脑编辑，是比较痛苦的。我们是从一点一点的细节开始教学的。先教开关机，再教怎么用鼠标。我们遇到一位居民，他握鼠标很用力，身体非常僵硬，很紧张，滑都滑不动。我们对他说："大哥，你不要握那么紧，轻轻地握住鼠标就可以了。"教会什么是左键，什么是右键，怎么点到它，用鼠标这件事情本身就是一个很大的门槛。后面还要教用电脑打字，更伤脑筋。大家对键盘都不熟悉，用"一指神功"一分钟大概可以打两个字，但是一分钟用手可以写20个字，打字反而比手写的速度还要慢。然而，现在的新科技有手写板或者平板电脑，支持用手写方式输入文字。所以我们后来教大家利用电脑执行一些任务的时候，不再教怎么用鼠标，怎么用键盘，直接教他们怎么用平板电脑。通过对科技创新的跟进，及时调整，就可以解决学习的障碍和未来执行产出的障碍。

居民会使用电脑编辑后，可以让居民自己参与社区报刊的编辑。可以做地方的主题介绍、地方发展长期愿景的报道、祈祷的采访、活动的报道，社区报的主题可以通过这几个方向去呈现。

（八）社区言论广场

在社区开辟一个空间，让居民能在空间里自由地发言，轮流进行演讲，可以是自我看法的表达，也可以是谈论社区的相关事务。不强迫居民参加。而且，在言论广场上，不能对发言者进行批评，尊重发言者的权利。通过这样一个开放的空间，让社区文化百花齐放，也让一些公共问题有集体自由讨论的空间。

（九）社区生态学习

台湾的很多社区，尤其是在乡下，非常看重生态环境的保护。例如桃米村依靠保护、发展青蛙的资源，创造社区活力。越来越多的乡下社区，首要发展的目标不是关于社区的人，而是保护他们的生态环境。

（十）恢复传统祭典

一个社区可能是一个宗教信仰的组合，也可能是某一个族群的组合。在台湾，有一些少数民族，称为原住民，他们有自己的传统仪式。有很多原住民部落，现在慢慢把这些仪式变成一种社区活动。例如日月潭邵族、新竹县司马库斯部落，都利用原住民文化发展观光旅游，吸引了很多平地人、汉人来参与体验。

（十一）设置社区广告牌

在社区的交通要道、交叉路口，可以做道路的指示牌。在社区里有名人、有故事的地方，可以设置介绍牌。大家也可以自行讨论社区里最有意思的地方是哪里，一起取名、绘画、设置社区广告牌，自豪地展示社区的瑰宝。

（十二）街角观察游戏

街角观察游戏是指在社区的某一个地点仔细观察一天，去发现、了解这个社区。打一个比方，例如站在清华园的某一个杂货铺门口，看过去的车子、过来的人，发生的每一件事情。通过仔细观察，会发现这是一件很有意思的事情。将你的观察不断地记录下来，你会了解这个社区更多的事情。

(十三）撰写社区历史

撰写社区历史就像社区寻根一样，是一件不容易的事情。例如找一位在清华学习的学生，询问他清华园的历史，他不一定能回答得上来。这是因为他没有把清华园当作一个社区，没有对生活的社区投入关心，他只是把校园当作自己学习的地方。

撰写社区历史有很多不同的方法，可以是社区调查，去问社区里的老人或是居住很久的居民，也可以是发行社区报，记录下社区发展的点点滴滴。例如台湾石冈的《石冈人社区报》，已经发行了将近一百五十期，见证了孩子的成长、老人的离去，已经成为石冈人很重要的历史记忆。

（十四）社区宝贝地图

社区宝贝地图不是画地图，而是要找出社区宝贝。"宝贝"是指社区里的能人和居民拥有的特殊资源，譬如在我们这个社区里面，有没有一个人有特别的专长，他住在哪里，是住在这条街还是住在那个巷，他会做些什么。慢慢地整个社区里各式各样的能人，你都可以把他找出来。

（十五）社区资源调查

社区的资源有很多种，人、文、产、地、景，各方面的资源。台湾的社区营造做得比较好的社区，一进去参观就可以看到非常丰富的资源。一般人看起来不起眼的事情，却会被编成一个个有趣的故事。相比而言，北京有文化资源的地方更多，可能一条胡同就可以挖掘出很多故事。例如这里曾经出过几个状元，某一条巷子里住过某位宰相。这些资源都可以吸引外来参观的人，给社区的居民带来实质的收益，社区的文化也因此得到宣传，并流传下去。

（十六）私房菜

社区里做私房菜是一个很有意思的社区营造方法。在社区里，每一家做一道最拿手的菜，大家聚在一起分享，互相尝尝大家的手艺。如果有机会开社区餐馆，就可以把大家的菜集中起来，作为社区的拿手好菜、招牌菜。用这个方式推广社区，能让来参观的人知道每一家都很不同，感受社区的美食文化。而且私房菜的分享让每一个参与的家庭也会觉得比较有趣，从每天柴米油盐中找到做菜的乐趣。

（十七）小学社区化

在台湾，很多小学规定，学生下课以后，学校就开放给社区居民用。大陆基于各方面的考虑，很多的学校都是有门禁的，不对外开放，因此这个方法需要视情况而定。

（十八）社区交流参访

不同社区之间相互参访，相互学习对方的优点，学习可适用的社区营造方法。通过对比和学习，可以增进社区的功能，改善一些之前不妥当的做法。

（十九）社区人生游戏

就是在这个社区里的人，将他们对自己的生涯规划跟社区连接在一起，这个可能难度高一些。

（二十）社区合作社

社区合作社是通过社区的居民集资成立的。社区合作社会和社区里同性质的小商家有利益上的冲突，要注意他们之间的区隔。

像山西省永济蒲韩乡村社区，正式注册了18个农民专业合作社，两个有机联合社，一个农民技术学校，一个果品协会，是一个相当成功的农民自组织的中国式综合农协。合作社内部通过辅导员联结农户，一起做土地活化、有机农业，共同做农产品的营销，集体购买生活用品，等等。

（二十一）跳蚤市场

社区可以自己做跳蚤市场，让家家户户把不用的东西拿出来卖，卖的价格一般都是很低的。跳蚤市场相当于把废弃的资源重新交换利用。物品在不同主人的手里和环境里，可以发挥不同的作用。而购买的人也会觉得在跳蚤市场购物很有意思，可以很便宜地买到各式各样的东西，大家通过交换物品变得更亲近。

（二十二）开垦社区农园

开垦社区农园主要针对都市的社区，因为乡下的社区一般自己有农园。住在城市里的人，平时接触不到大自然，感受不到土地，对去农场体验、放松身心有比较大的兴趣。台湾就有做假日农场的例子。一到周末，都市人就开着车子到农场，从田里划分出一片地，体验一下。没有时间去的时候，当地的农夫和主人会帮忙种植和照顾。

（二十三）设立口袋公园

口袋公园的意思，就是利用社区里那些没有用的空地、偏僻的角落，通过社区居民的共同改造，打造成整洁漂亮的小公园，变成大家都愿意去坐坐的公共空间。空间不是大片的，而是能利用的各种小角落，所以叫口袋公园。

（二十四）传统游戏的复活

复活传统游戏，就是重新推广电子时代之前的小游戏，例如玩竹蜻蜓、制作风筝、踢毽子、滚铁圈、玩沙袋等。在没有电视、没有手机、没有游戏机的时代，这些传统游戏更注重人与人之间的互动，还能锻炼自己动手的能力。传统游戏作为社区开展的活动，可以增加代际交流的机会，让社区的老人教孩子怎么玩，增加居民接触的机会。

（二十五）设计活动海报

每一次社区举办大型活动，都需要用海报来宣传。这个工作可以让居民自己来设计，让居民自己思考用什么样的画面，怎样排版，凸显什么样的主题，怎样才能更吸引人。设计活动海报的工作是非常能锻炼人的，也能让参与者更了解活动、更了解社区的情况。

（二十六）设计文化"宪章"

社区里设计文化"宪章"，是指在社区里有哪些文化遗产可以保留，设计一个"宪章"，规划大家怎样保护它们，并规范保护文化遗产的行为。

（二十七）地方工艺传授

社区可以利用当地的传统手工艺进行传承、创新，既保留传统文化，又找到新的创业之路。例如台湾草墩，在地震以后成立草鞋墩人文观光产业发展协会，传承传统手工艺。他们将草鞋改良，通过创意设计变成吊饰，用很漂亮的盒子装起来。一双草鞋的价值从二三十块新台币，升值到450元新台币，很受日本游客欢迎。

（二十八）社区纪录片

社区可以拍摄关于自己社区的纪录片，把自己社区的特色、社区营造的过程一点点记录下来。通过影片，可以清晰地看到自己社区的发展，也可以和其他社区相互交流。

（二十九）安全通学道路

小孩子上学有一条安全的道路很重要，一些小学生还不太会过马路、避开车辆，需要有一个较安全的环境。很多社区里都有小学，在孩子上学的主要道路上，可以设置"前方有学校，请减速慢行"的警告牌，提醒司机。

（三十）社区寻访游戏

社区寻访游戏是指拜访社区里的公共部门，例如机关、学校、幼儿园、派出所、邮局、消防队，观察它们具体在什么位置，是怎么工作的，寻求帮助的话需要什么样的流程。例如，我们有一次带社区的小孩去参观邮局，带孩子看邮差怎么送信，门牌号码怎么分，自动化的机器怎么分。小孩子原来只知道邮局是寄信的地方，参观过后，了解了整个过程，更尊敬邮差这个职业。还有一次，我们带孩子去消防队参观，看消防队的队员表演人工呼吸、正确使用灭火器。孩子们觉得有趣的同时，也受到了一次安全教育。社区寻访游戏对孩子有重要的教育意义，让他们了解公共部门是怎么做事，如何为社区服务的，同时也知道自己如何求助。

（三十一）溯溪探源

如果社区里面有一条小溪，可以去溯源，看看小溪是从哪里流过来的。在台湾，因为溪流都很短，从山上流到海里追溯源头比较容易。例如，台湾大学和台北市都市更新处合作，在街道上寻找瑠公圳和雾里薛圳的踪迹，整个水系在台湾大学、公馆至师大区域都有分布。找出历史的水系脉络，并循着这些水系的脉络，可以发现与了解早期水利灌溉的历史文化。

（三十二）社区网页

社区网页是比较有科技含量的社区营造方式。社区通过网站，推广宣传自己的社区，成为一个景点。社区并不一定要有什么特别好的观光的景点，只要拥有很丰富的社区营造的内涵，就可以利用社区的文化产业或者社区的一些产业文化进行宣传。文化产业跟产业文化是不一样的，文化产业，譬如说韩国电视剧，把一个不多国民接触的文化产业化，做到亚洲地区的每个国家都看韩剧。产业文化是指将社区里面特有的某些产业衍生出文化链。譬如山东潍坊的风筝产业，现在衍生出风筝博物馆、风筝节比赛，做各式各样的风筝，有浓厚的文化氛围。再例如茶叶行业，也可以发展出产业文化，除了采茶、做茶、卖茶，再结合茶道文化、做茶的手工艺、茶具的历史，就会更吸引人。将这些产业文化或文化产业在社区网页上宣传，必定能吸引游客来欣赏。

（三十三）爱心妈妈联谊

台湾每个学校都有爱心妈妈的组织，就是学校的职工集合起来。

她们可以在各个方面来帮助学校，帮助社区。

（三十四）社区五老五访

社区"五老五访"是指寻找社区里的老人，记录他们的故事。像在四川5·12大地震的一些灾区，访问老人是很重要的事情。另外，比如拜访羌族的老人，给他录音，听他们讲故事，都是对文化遗产的保留。老人是社区的宝贝，他们经历过的事情，他们见证的历史，都会随着他们的离去而消散。社区的五老五访，既保留下珍贵的文化遗产，也是给老人送去陪伴和关怀。

（三十五）志愿者人力调查

志愿者人力调查是指调查社区里有热心并具有公益特质的人力资源。在社区有什么事情需要帮忙的时候，可以及时地联系到这些资源，动员这些人力。

（三十六）创新社区节日

社区可以根据自己社区的特色，创立有趣味的、能让居民都参与的节日。例如，苗栗的湾宝社区有一个特殊的社区活动——西瓜文化节。社区通过办西瓜文化节来提升产品的知名度，促进居民参与。挑西瓜比赛还分爷爷奶奶组和青壮年组，每个人在挑西瓜时都很高兴，旁边看的人也很高兴，都满脸笑容。还有吐西瓜子比赛，吐到碗里面的才算分数，吐到外面的不算。充满趣味性的项目，让大家聚在一起欢乐笑开怀，也通过互动，建立大家对社区的认同感。

（三十七）招募爱心商店

台湾有些社区会做爱心商店的小店铺，或是有公益心的商铺自己贴上爱心商家的标识。爱心商店经常开在小学附近，针对社区的小学生提供服务。商店里的商品是要完全卫生安全的，保障孩子的生理安全，不卖有损孩子健康的食物或用品。小学生放了学去买东西，有时候父母还没下班，就可以在爱心商店集中等爸妈。爱心店家熟悉社区，在做生意的同时，还能照顾小学生，孩子要是有临时、紧急的需求，也可以找爱心商店帮忙。

（三十八）制定景观条例

社区的景观需要大家共同来维护，社区可以采取集体制定条例的方法，让大家有保护社区景观的意识。例如垃圾扔到指定的地方、自觉进行垃圾分类等。同时，条例也可以立在景点，提醒游客遵守条例，共同保护景观。

（三十九）制定社区公约

社区公约是大陆地区比较熟悉的营造方式。很多社区一进门就是社区公约，规定了哪些可以做，哪些不可以做。但是这在台湾一般看不到，居民有权利不受公约约束，也没有制定公约。但是如果要做社区营造，让大家有共同的愿景，居民就愿意制定一个公约，共同来遵守。

（四十）社区小记者队

社区小记者队主要是针对孩子的活动，教孩子们如何去采访、去问答，然后让孩子们从自己的角度、用自己的笔来写，再发表在社区报上面。看到自己写的文字刊登在社区报上，对孩子来说，是很有成就感的事情，也会激发他们去找社区里有意思的事情。台湾一些社区的社区报不是专业记者写，而是专门让社区的孩子们写。通过小记者队的培训，培养孩子的采访、写作能力。社区报可以从孩子的视角发现社区里奇奇怪怪又很有意思的事情。当孩子们参与其中的时候，家长也会跟着关心社区的事情，久而久之，就会有越来越多的人关心社区的事情。

（四十一）成立社区剧场

成立社区剧场通常需要有一些专家学者的指导，需要社区里退休的老师，或者专业从事表演的人加入。社造团队引导这些人在社区成立剧场，也可在假日进行表演，开放给社区居民看，做得好的也可以承接外面的商业表演。社区剧场给爱好者提供了一个平台，也为居民的休闲生活增添乐趣，还可以将社区故事改编成话剧表演，更是融入了当地的风土人情。

（四十二）河川整治

河流污染是很多地方面临的问题，社区可以尽自己的力量进行河川整治，保护当地的生态。例如台湾的阿里山，原住民为了保护当地的鱼种，每天在河边巡逻，禁止任何人捕鱼、电鱼、钓鱼，用自己的力量保护当地的鱼类资源。一段时间以后，当地的鱼种繁殖越来越多，水系的生态系统也恢复了功能。

（四十三）社区环境认养

我在成都看到有些地方会挂个牌子，写着"某某公司、某某企业认养"，或者某社区认养一块小小的绿化带，通过不同的力量共同维护城市的绿化。

（四十四）成立社区联盟

社区营造不是单指一个社区的营造，也可以不同社区之间联盟，增强社区功能。台湾成立社区发展协会，通过协会联结不同的社区，利用集结在一起的力量做一些事情。例如救灾、献爱心，单单一个社区、一个团队，资源是有限的，面对重大灾难的时候，联合更多的社区，救助力量会更大。

（四十五）托老托幼的服务

托老托幼的服务涉及福利服务的社区化，福利服务从机构的形式转为在地社区的服务。让老人、小孩能在社区里接受托管、托育、细心照顾又及时便利的服务。

（四十六）恢复传统景观

恢复传统景观，不仅是指生态景观，也指文化景观。像台湾的"迦南美地"社区在震后恢复传统景观时，就只是把房子盖回来，还考虑到生态、环境的保护。因此，在当地进行了改造、再重建。又如台湾的桃米村，在震后也是通过生态恢复、保护当地的青蛙和其他生物，来进行村落重建，也因此发展出新的依靠生态景观和民宿建设的经济道路。

（四十七）定期社区清洁日

社区规定一个固定的清洁日，每家每户派几个代表共同来打扫社区，让社区变得更整洁。

（四十八）成立社区电台

社区成立自己的电台，可以控制电台的功率和收听范围。台湾有很多这种社区电台，它的功率很小，声音范围就在这个社区里面。电台节目由社区居民自己筹备，关注社区的事情，交流居民的感情。

（四十九）假日社区导览

很多的社区在社区营造成功后就成为一个景点，产生了导览的工作需求。景点不一定是风景，可以是人、文、产、地、景这几个资源里面的某一个或多个资源的结合。它带有当地的特色，会吸引人看，因此需要设置导览员。社区居民可以自己做导览员，把当地的故事说给游客听。在台湾，这样的游览称作"知性之旅"，不只是看风景，看景点，而是去学习一些人文知识。这种"知性之旅"的安排，也越来越受市场的欢迎。

（五十）社区老照片展

顾名思义，社区老照片展是指把社区里黑白老照片找出来，进行扫描，装成册，编成故事进行展览。这个方法在很多社区都做得很有意思，居民们把压箱底的照片找出来，发现内容很丰富，每一个社区都显现出不同的特色。例如，有些社区翻出很多关于生态的照片，记录了这个社区里面有多少鸟类、多少昆虫；有些社区记录了很多故事。社区的老照片不仅能让人看到当时的光景，感受社区的变迁，也是一种社区居民跨时间的交流。

以上就是五十个社区营造的方法。其实社区营造不止这些方法，但是这些可以给我们做头脑风暴。这五十个方法是台湾地区9·21大地震后发展出来的社区工作方法。在早期，台湾的社区营造工作推动了很多年，但也不是那样深入和普遍。在9·21地震之后，使用社区营造方法的社区大量发展起来。

因为有了这些经验，在汶川5·12大地震之后，曾纪平到了四川，以这个模式在四川推动社区发展。但是在大陆地区有一些不同的状况，所以他在四川做社工站时，有很多注意的地方，要符合地方政府的一些要求。因此，在这里介绍的五十种社区营造的方法，依据具

第三章 组织社造化——社造工作流程

体的可行性情况，稍微做了一点修正。但基本上，社区工作还是要让居民参与，由下而上地处理共同的议题。先定好目标，再通过行动解决，这个是社区营造的基本的原则。

需要特别注意的是，之所以称其为"入门"的方法，主要是因为任何活动本身并不是社区营造的目的，只是社区营造的手段，目的是让人们走出家门，发展社区自组织，从而改变行为方式。比如社区小记者，固然能唤起儿童对社区的注意，培养他们观察与报道的能力，但真正的意义还是在于把他们的家长聚拢起来，一起来关心社区公共事务。

无论是外来的社会组织，还是当地的基层政府组织，在社区营造开始之时，都需要动员居民走出家门，参与到社区活动中来。因此，有了本节切入社区营造的五十种方法。这五十种方法既适用于城市社区，也适用于农村社区，包括了人、文、地、产、景五大方面的营造方法。可以作为社会组织调动本地居民的方法，也可以作为本地居民自发行动起来的操作方法。

第四章

行政社造化
——建立多元协商与治理机制

一 政策

如前面章节所述,社区自组织的权力来源于更高层次的政府授予的自治权,其所能治理的公共事务是在授权范围之内,其自我发展也是因授权多少而有不同大小的空间。所以政府立法或出台政策明确给予社区自组织的自治地位,是其治理与发展的合法性的来源。

近年来,政府不断鼓励社区社会组织的发展,为社会发展提供了前所未有的机遇。比如 2016 年 8 月,中共中央办公厅、国务院办公厅印发的《关于改革社会组织管理制度促进社会组织健康有序发展的意见》中,就有专门一节谈鼓励社区社会组织的发展(见附录 4-2),还有中共中央办公厅、国务院办公厅 2015 年 7 月印发的《关于加强城乡社区协商的意见》,明确表示出了社区协商多元主体的内涵(见附录 4-3)。基于中央政府的政策精神,地方上也相应出台政策推动社区社会组织的发展。比如,成都市民政局 2016 年 5 月就印发了《关

第四章　行政社造化——建立多元协商与治理机制

于开展城乡社区可持续总体营造行动的通知》(见附录4-4)。通过整理这些政策，我们可以看到一些重要的内涵，并将其作为社区治理工作的指导。

（一）治理的新思维

首先，这一系列政策的核心思想在于提升政府服务能力，尤其在社区居民有着多种多样民生诉求的今日，如何倾听民意，为社区居民提供量身定做的社区服务，是社会治理创新的首要之义。

但是，完成这样的"不可能的任务"，需要新的思维、新的做法，不能再依靠政府"输血"式的服务供给，必须提升社区自我管理、自我组织的能力，让大多数的社区服务能够靠社区自身的力量来提供。

提升社区自身能力的前提是缩减政府责任边界、扩大社会责任边界，正如2015年7月中共中央办公厅、国务院办公厅的《关于加强城乡社区协商的意见》中，针对社区协商的指导思想指出的："以健全基层党组织领导的充满活力的基层群众自治机制为目标，以扩大有序参与、推进信息公开、加强议事协商、强化权力监督为重点，拓宽协商范围和渠道，丰富协商内容和形式，保障人民群众享有更多更切实的民主权利。"一方面通过授予社区两委、社区社会组织自治权；一方面通过党组领导下的协商机制，可以提升社区自我服务的能力。

随着信息时代的来临，社区居民服务需求多元多样。知名管理学家彼得·德鲁克所言的万能型政府、保姆型政府，要么是"输血"过多造成财政破产，要么是服务能力不足引发民怨。国内以行政主导的社区服务，也会面临基层服务职责过于泛化、未经过民意表达就提供了看似贴心、实则扰民式的服务，或是因资源不足导致的选择性服务、样板式服务等问题。反过来，将服务者与被服务者分离开来，导致社区居民的"等、靠、要"思维，成了基层政府不可承受的重担。

改变社区"输血式"服务成为"造血式"服务的关键，在于社区参与主体的多元化，通过基层政府授权与赋能，使社区产生自我服务的机制。政府工作职能从管理监督和提供服务，变为培育引导和提供公共资源，建立支持架构的工作。

（二）政府引导：提升政府服务

基层政府的授权，社区的自我造血，并不是基层政府就"无为而治"了，刚好相反，在相当长的一段时间内，政府的责任只会加重而不是减轻。正如上节所谈的治理思维改变了，政府职能从直接管控与服务，变成了培育与支持。一如世界各国的范例，社区自组织不会凭空出现，少了政府的授权与支持，也无法顺利成长。所以，一方面限定政府服务边界，提供给社区自组织更多的发展空间；一方面要降低社区自组织登记门槛，鼓励更多社区内自组织的活动。

仅仅鼓励是不够的，社区自组织一开始多半是一些自娱自乐类的小团体，如跳广场舞的群众聚会。那么，如何把非正式、不定期的聚会变成可持续的、正式的社区自组织，是当前亟待解决的问题。正如笔者在第二章中所言，要有自治理机制，有自我发展能力，并能参与到社区协商之中。所以基层政府要建立社区培育机制，不单要培育社

第四章 行政社造化——建立多元协商与治理机制

区自我造血的能力，还要引导它们扩大功能，从自娱自乐的活动团体走向为社区提供公共服务的社区自组织。

培育工作不是一蹴而就的，所以2016年8月印发的《关于改革社会组织管理制度促进社会组织健康有序发展的意见》中提道："有条件的地方可探索建立社区社会组织孵化机制，设立孵化培育资金，建设孵化基地。鼓励社会力量支持社区社会组织发展。"旨在健全政府支持架构，使社区社会组织培育与发展的工作长期得到支撑。

同时，在社区党委与居委的领导下建立协商架构，使社区自组织的公共服务、公共参与和基层政府施政有效协同。在涉及两个社区及以上的公共事务中，建立更高层次的协商平台，以利于有效反映民意诉求。《关于加强城乡社区协商的意见》中就提道："倡导协商精神、培育协商文化，引导群众依法表达意见，积极参与协商。开展基层干部和行政村、社区工作者专题培训，提高组织开展协商工作的能力和水平。"这些机制的建立，才能保障社区自组织的发展与基层施政统一步调，使社区自我造血功能可持续性地发展。

（三）民间自发：提升社区自我管理能力的关键

鼓励社区自组织的发展，在建立社区协商架构的同时，一方面强调基层政府的领导与支撑作用，一方面要重视社区自组织的技术。如何使原来有"等、靠、要"思维的社区居民，转化为有行动力的、提供公共服务的社区自组织，是一种非常专业的能力，需要基层政府及其引入的枢纽型社会组织习得专业的手段，完成培育工作。比如成都市民政局《关于开展城乡社区可持续总体营造行动的通知》中，就把寻找自组织的带头人，激发自组织，转化自组织作为培育社区社会组织的手段，确立了自下而上、自愿自发、权责相符的原则，使得政府引导与培育的功能落到实处。

社区自组织的培育与"造血"能力的养成，需要给予充分的耐心与时间。在完善支持架构的同时，也要知道社区自组织的发展是一个"大浪淘沙"的过程，会有很多社区自组织出现，也会有很多持续不下去，还会有一些停滞不前，结果是只有少数能发展壮大。在此过程中，完善政府评估与监督十分重要，因为社区自组织的发展少不了政府的培育。关于培育的对象，需有一个正确的评估，从过去只看项目结案，转移到更加注意社区自组织的发展，并且结合枢纽型社会组织以及社会贤达作为第三方，提出多角度的评估与监督，才能促进有潜力的社区自组织不断进步。

基层政府应谨慎使用兜底思路、大包大揽思路，扭转盲目政绩观，避免基层政府提供一些社区不需要的服务，政府要做的是鼓励社区居民自行提案，自己执行，接受辅导与监督。正如成都的通知中所言："专业社会组织、居民自组织自行提交营造方案，由政府职能部门、街道（乡镇）、群团组织或社区通过项目评估给予相应项目支持。专业社会组织提供专业服务，引入外部资源，进行跨域合作，激发居民的主体意识，协力推动社区总体营造。"

除了培育社区参与公共服务的能力外，也要鼓励它们把声音表达出来，这正是社区协商的另一层深意。好的协商平台让政府在施政时聚焦于社区关心的公共事务上，无疑是对社区自组织最大的鼓励。反过来，也只有在社区自组织真实参与公共服务之后，它们才能提出切实可行的服务需求，而不是空中楼阁地漫天需索。所以，《关于加强城乡社区协商的意见》特别提出要"建立协商成果采纳、落实和反馈机制。需要村（社区）落实的事项，村（社区）党组织、村（居）民委员会应当及时组织实施，落实情况要在规定期限内通过村（居）务公开栏、社区刊物、村（社区）网络论坛等渠道公开，接受群众监督"。

二 政社协商

当地方政府提出相应的政策扶持社区自组织发展之时，也必然需要倾听这些由下而上自组织的发声，并在协商民主机制中产生合作的行动，这就有赖于协商平台的建立了。

一般而言，协商的层次有两个。如图4-1所示，一个是社区层次的，以基层政府、社区自组织代表以及社区自组织孵化平台为主要参与方，主要讨论的都是行动层面的事情，把社区内的事物提出来，大家商议如何运作，如何出钱出力。目的在于引入适当的外来社会组织，挖掘与培育更多的社区自组织，协调社区公共事务的执行。

另一个层次则是街道或更高层级的协商平台，可以让社区自组织代表、社会组织代表、学者专家参与进来。这是属于政策层面的协商，比如政策的改变、经费的辅助、未来经费辅助的方向、要培育的重点社区自组织等。目前，国内第一层次的政社协商已经有了较多的实践案例，在各地都可以看到"实验"的成果。

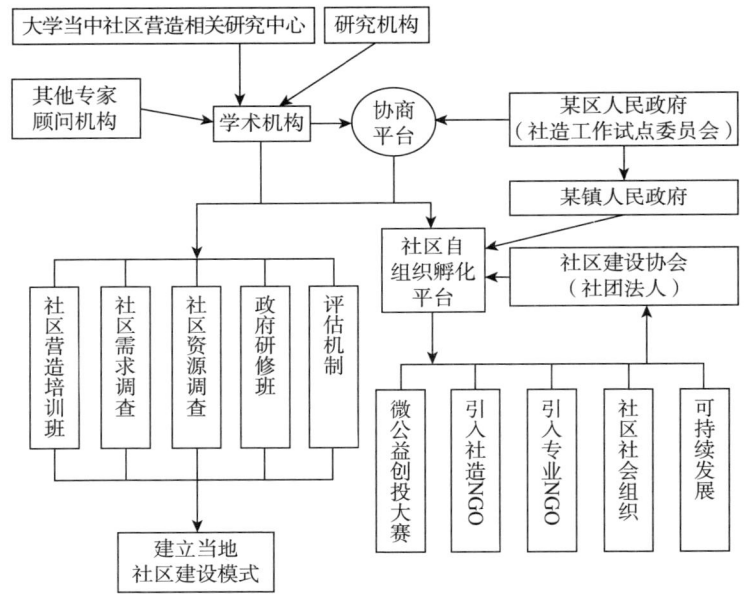

图 4-1 社区营造实务操作框架

以上海市嘉定区为例，形成的一些政社协商平台主要表现为两种形式，即官方主持的多方联席会议和民间自发的政社协商机制。

多方联席会议是在 2005 年开始建立的一个交流沟通平台。因为在城镇化进程加快的时期，社会建设的任务十分复杂，单一治理主体和职能部门已无法有效应对。多方联席会议平台的建设，主要是为解决复杂且需要多方力量的问题。在这个平台上，多元治理力量将自身

第四章 行政社造化——建立多元协商与治理机制

遇到的问题提交到会议上讨论,其他各方参与,出谋划策并给予所在部门积极的支持。从全区来看,多方联席会议的治理主体主要包括党组织、居委会、社区服务站、派出所、物业公司、城管、居民代表。这种机制形成后,得到很多地方的认可。这种机制在福蕴社区表现为四方会议,即社区居委会、业委会、物业、派出所,2015年9月城管才参加。参加人员:业委会主任和秘书,物业公司经理,派出所社区民警(一位片警),居委会书记、副书记及站长。城管的加入是工业区现在的实验。城管进入社区,使得其职能范围有所增加,如违章搭建、占用社区绿化等都在其职责范围内,所负责的是本社区范围内的路面,因此进入联席会议。不同社区,情况不同,有的社区可能并不需要城管进入。四方会议在社区居委会召开一次需要一两个小时,会议记录一个季度检查一次,有时碰到问题要立即汇报,要与有关部门沟通,会议由居委会来记录。多方联席会议现在已经是上级年终考核的重要一项。

民间自发的政社协商机制的形成,多是由于社区内热心的能人,他们关心社区事务,有能力、热心为社区事务做出努力,并带动居民参与到社区事务的治理中去。嘉定区的退休老人是这些能人群体的代表。例如,家福社区老年人较多,老年人形成了一个"阿奶聊天室",这个聊天室通常以茶话会的方式展开。大家在这个聊天室中,围绕社区中的公共事务展开讨论。在这些讨论中,开始涌现出一些社区能人,他们有威望、有能力,能够引导这些讨论朝着正确的方向发展。

外港社区的"老大人调解",是在成立睦邻点之后,社区中一些老人开始参与社区事务的解决和处理。因为他们在社区中的威望高，在社区调解过程中，说话有底气，别人也信服。这些老人还形成了团队轮班分工的方法，负责社区里的调解事务。社区还有一个"老娘舅社区调解工作室"，每周一到周五，都有人轮岗值班。

杏花社区作为老社区，与新建社区紧挨着。新建社区的围墙越过了红线，引起了居民很大的不满。在与居民沟通的过程中，居委会请来了社区中的老人，这些老人都是退休人员，他们有时间、有精力、有人脉去查询相关的规定。在了解之后，再来与居民进行解释，通过这样的方式，社区居民便能够接受了。居民对政府有所保留，但居民之间有着更大的沟通空间。

杏花社区的案例，是由民间自发但以事件为导向形成的协商机制。而南京市翠竹园社区的案例，则是由民间自发形成的长期协商机制，由居民自组织起来的社区居民自组织的互助会、物业、社区居委会和业委会，共同建立了四方沟通合作的协商机制。

成立四方平台，最初是因为一次意外事件。在社区服务中心的三楼，有一家教育机构，租的是物业的房子，后来卷款而逃。所以，预先交过费用的家长们就去找物业算账，要求物业退钱。而物业认为自己也是受害者，逃跑者的房租还没有交，因此物业也没有办法。后来人们就去找社区居委会，居委会表示自己能做的也只是帮忙催一下警方尽快破案。而事实上，由于觉得案件太小，警方甚至没有为此立案。家长们又找到业委会，业委会让他们去找物业——如此，不同方面相互扯皮。这件事情就像踢皮球，被物业、居委会、业委会三方踢

第四章　行政社造化——建立多元协商与治理机制

来踢去，谁都不愿主动寻找一种解决方案。后来，一些业主们在互助会的群里聊这件事，经过一番沟通，大家达成一致意见，即"我们以后都不交物业费了"。

面对这种越发恶化的情况，社区居民吴楠（阿甘）觉得互助会应该做些什么。部分人不交物业费，实际上是对全体业主利益的损害，因为一旦物业的费用减少，服务的质量就会变差，那么每个人都成了受害者。出于这种考虑，互助会出面协调这件事，让居委会、业委会和物业这几方坐到一起，来弄明白这件事到底是怎么回事、要怎样协调解决。最后，经过协商得出的方案是，找原来的那些老师继续给孩子们把课上完。费用由互助会支付，只给老师付教课费，比如本来一节课一百块钱，这里只给老师三十块钱。因为老师也是被这个教育机构请来的，机构卷款而逃，他们也是受害者，所以这个方案得到了他们的同意。最终，互助会用五六万元，解决了涉及二十多万元资金的纠纷。同时，阿甘认为在这个事件中，他们虽然付了钱，但也是受益者，因为互助会原本缺场地，经过这件事，互助会取得了三楼房屋的使用权，让孩子们通过小小建筑师的设计，花了一年多的时间改造出崭新的公共空间。

这次事件成为四方平台建立的契机。社区居委会、业委会、物业与互助会坐到一起，搭建起四方协商的平台。平台建立后，效果是显而易见的。每次讨论事情的时候，大家都是为解决问题而来，不再互相踢皮球。比如社区要举办一场晚会，各方都尽自己的力量去找资源。2014年的晚会，社区居委会接洽了赞助商——社区对面的紫荆广场,并获得了赞助金五万元,物业也找了一些赞助商来接洽,最后都统一到互助会来具体操作。阿甘说,对这三方来说,搞实操工作会很累,但是互助会不累,他们愿意折腾这些事儿,所以最终的落实环节由互助会负责。晚会是收门票的,每人一百元,老人、小孩五十元,这项收入有两三万元,加上赞助费,活动的进展顺利了很多。因此,这台晚会是四方共同搭台、共同努力的成果。

四方的互动机制为社区创造了一种良好的氛围。在很多地方,物业、业委会和居民,还是在互相斗争的情况下去处理问题的,但翠竹园是以平等协商的方法去解决问题。比如曾经有一段时间,物业的服务下滑,很多人要求换物业,四方平台马上开会讨论怎样解决这件事情。如果物业不端正态度、不改善质量,把它换掉也是方案之一。

成都市玉林街道玉林东路社区形成了居委会主导下的社区协商机制。[①] 2007年初,在院落自治中改变了以往单一院落自治小组的组织形式,以及举手表决的简单民主的产生方式,正式启动2.0版本的"三加三"院落自治模式,以组织化的方式推进居民自治。

一是建立多元化内生性组织,在院落产生居民大会、院落居民议事会、院落自治小组三个内生型组织,条件成熟的院落还设立了院落党支部或党小组。

二是建立内生性治理机制,居民大会由居民每户一票的方式进行大会表决,选举出与单元数相同的议事代表组成议事会,再由议事会

---

① 清华社区营造团队案例:《2016年C市Y社区调研报告》。

第四章　行政社造化——建立多元协商与治理机制

投票在议事代表中选举产生 3～5 人居民自治小组。权利分配上，一般事项由议事会召开议事表决，涉及院落功能改造方案、费用分摊及使用等重大事务，由居民大会表决，自治小组在居民大会和议事会表决的基础上开展日常事务管理。院落党支部或党小组领导作用的发挥，主要体现在组织院落党员带头参与并承担院落事务，帮助院落自治小组发动居民参与，提前审议议题的合法性和正当性，主动发起并召集议事，但不干涉居民自治小组的正常管理。

三是构建内生性基层政策，在上级政府赋予的自治权范围内，引导居民自我制定互助物业契约、院落居民公约、院落管理制度，形成具有居民共识性质的基层政策。策由民定，权为民用，事由民理，责也应由民担，才能形成有效的可持续性自我管理。

自 2014 年开始，社区开始实施政务购买服务机制，站务工作由外来枢纽型社会组织承接，而原属居委会、负责站务工作的人员，也归编于外来社会组织。居委会成员剩下居委及党委，包括主任、副主任、办事人员共八个干部。管理体制分街道、社区、网格、院落四级。以栋为最小管理单元，选出该栋楼的栋长，无管理单位的院落则要求选出院落小组三人，网格有网格负责人，社区范围则由居委代表。

社区设立了三种与居民协商式的沟通机制。第一种称为栋组长会议，由 19 个有自治小组的院落参加，选出院落自治小组组长代表参加会议。会议进程由社区主导，倡导自治理念，与组长们分享各种类型的与社区相关的拓展性的学习经验，小组长也会代表院落发表意见。小组长汇报一周间院落的概况，同时将遇到的困难提出来，组织大家商讨对策，或向社区要求协助。最初，院落成立院落自治委员会（或称院落小组）是由居委会提出的要求，但并不由居委会管理，希望由院落居民自己投票选出组长，讨论其自主的规范，成为实质上的共同体。而居委会在院落小组内的职责，则是定期收集居民意见并给予建议，辅导院落组织开展持续性工作，并参与项目申请，争取组织经费。

第二种为民情代表大会，一年举办四次，由小组长和4个民情专递员组成。除了一年四次大会之外，社区还设置实体的民情传递箱，每个工作日都会由党组织收集处理、集中记录及管理。严格要求负责人于当日完成受理，进入办理的程序。并且设有24小时轮班制的民情传递专线，确保居民能够得到最及时的协助。

第三种为居民代表大会。一年开三次会议，由各个院落选派代表组成，包含公司管理、物业管理的院落及新建商品房住户，都需派代表出席会议。由所有单元代表出席，这是社区一年间最完整的协商式会议。

由清华大学社会学系李强教授带领课题组团队，在北京市清河街道开展的社区实验中，"社区组织"工作模块最核心的问题就是创立一个议事委员会。而这个议事委员会的创立，必须思考其法理合理性。因为在基层，如果有社区参与的话，必须要具有法理合理性。经过反复论证，认为此议事委员会委员还是社区居委会成员。议事委员会在创立之初，清华课题组的学生做了不少工作。因为在开始的时候，必须要去选出那些有活力的、能参与的、具有公众心的社区居民，所以就先做了一个测评，对社区情况有一个大致的了解，在此基础上举办选举大会，由居民代表选出议事委员，而且要经过党委批准。最后，在2015年1月份，正式将三个社区的议事委员选举出来了。这项工作实际上等于把居委会变成两块，其目的是恢复居委会的活力。有一部分还是居委会成员，因为要完成党的任务，诸如人口普查、经济普查，所以老居委会必须存在。而现在的居委会成员，只是承担上面的任务，就已经极繁重了，毕竟工资是上级单位发的。议事委员最大的特点是不发工资，有会议补贴。议事委员选出来以后，基本责任就是议事、提议和讨论咨询、监督以及建议。居委会目前有两部分人，一部分人是居委会的公职人员，另一部分人并不需要每天上班。因此，实际上议事委员在某种程度上恢复了社区居委会原来的自治功能。

三　评估——聚焦组织培育

社区自组织的经费很大一部分来自于项目，各级政府也往往以项目来引导社区发展的方向。只是，过去的项目评估大多只看项目本身的绩效，而经过社造化洗礼后，应该更重视在项目执行期间，社区自组织自身的成长。

社区营造是否能成功，政府扮演了极为重要的角色。世界各国的经验都显示，社区转型早期，政府以政策及资金为引导十分重要。而政府的辅导与奖励，一定要建立在有效的评估之上，只有评估方法公正、客观、有效，资金补助与辅导才能到位，社区自组织才能被有效培育。

只是，过去的评估往往有两个大问题，一是只聚焦在项目的执行上，而忽视了受辅助单位的组织培育。二是欠缺日常的评估，往往留下信息不对称的死角。大量的活动只停留在完成"政绩"的层面，大量的公共空间都是在落成时热闹一下，甚至一些项目执行的记录可以造假且不会被察觉。这是一个世界性的治理难题，如何破解？在社区营造评估的过程中，评估的不只是项目本身，主要目的是以评促建。为了让整个事情或自组织变得更好，因此还需要有辅导和提升包含在内。换言之，过去的评估多是项目制评估，而评估也需要社造化，在项目评估的同时，也要把组织发展的程度列为最重要的评比项。

2015年，北京市东城区龙潭街道办事处委托恩派非营利组织发展中心咨询事业群（以下简称"恩派咨询"），举办了东城区首个街道级社区公益创投项目——"龙潭街道社区创益大赛项目"。经过前期立项评估阶段，有21个社区公益项目获得街道资金支持，社区公益项目实施周期为半年。

在项目实施阶段，恩派咨询龙潭项目组对各个创投项目进行了过程评估及结题评估。

过程评估阶段的评估方式为活动监测、项目辅导及财务报销三方面相结合，每个项目在实施阶段至少监测两次活动，项目组会留存活动监测情况表，对此次活动进行客观记录，包括活动参与人数、活动举办效果、活动建议等内容。同时会将监测过程中的不足反馈给举办活动的项目负责人，在此过程中完成项目辅导的工作。每个月会举办项目资金报销会，为21个社区公益项目进行活动资金报销票据收集和财务报销的辅导。

结题评估阶段采取了专家评估、项目自评及第三方评估的三方评

第四章　行政社造化——建立多元协商与治理机制

估相结合的方式，根据权重最终核算出社区公益项目的结题评估分数，并作为优秀项目评选的依据，以此颁发奖励证书及项目活动奖励资金。

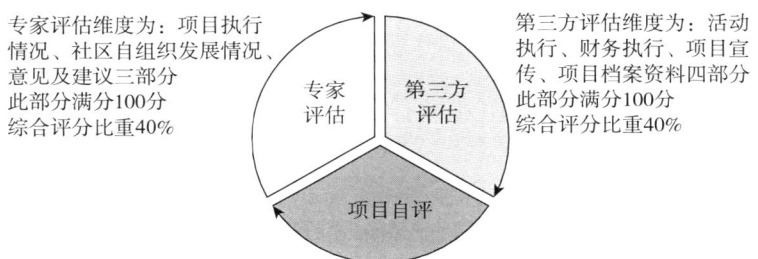

专家评估维度为：项目执行情况、社区自组织发展情况、意见及建议三部分
此部分满分100分
综合评分比重40%

第三方评估维度为：活动执行、财务执行、项目宣传、项目档案资料四部分
此部分满分100分
综合评分比重40%

自组织自评评估维度为：项目成效、财务执行、社区自组织三部分
此部分满分100分
综合评分比重20%

图 4-2　龙潭项目评估

北京市东城区社会组织指导服务中心于2013年开始委托北京恩派，连续开展了四届东城区公益创投项目。项目的目的在于挖掘公益种子，培育公益项目，资助有发展潜力、项目可行性和创新性高、预期社会效益良好的初创期和小型草根公益服务型社会组织，满足多元社会需求。在此过程中，对于草根组织公益项目的评估方式，也经历了多次调整。

在2016年东城区第三届公益创投中期评估的过程中，对正在培育的15个社会组织采用了专家评审、第三方评估、组织自评及组织间互评四方联合的评估方式。

其中，专家评审主要通过中期评审会议中各组织的汇报，以及纸质版和电子版的项目档案资料作为评估依据。第三方评估主要通过实施

163

阶段的活动监测，平均每个项目进行一至两次监测。根据日常计划总结等资料的上报、活动信息上报，组织培训活动时的出勤率和现场表现等情况进行评估。组织间互评主要通过每个月的联席会议上组织间的相互了解，以及中期评估会议现场各组织进行的汇报情况作为评估依据。组织自评主要根据各组织对自己项目在执行过程中的反思和总结而来。除了第三方评估中每个模块进行了权重设置之外，其他各项如专家评审、组织互评及自评均采用李克特五级量表方式进行分数核算。

各方评估内容及比重如图4-3所示。

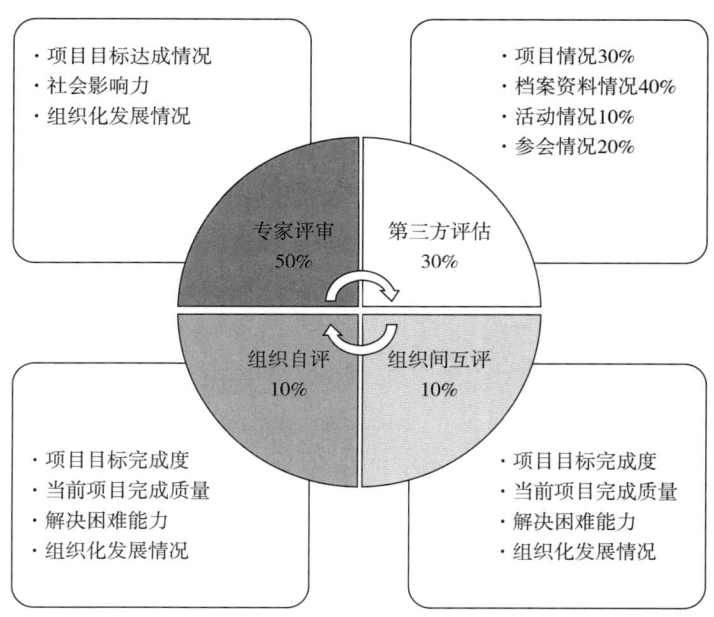

图4-3 东城区公益创投项目评估

164　社区营造的理论、流程与案例

第四章　行政社造化——建立多元协商与治理机制

组织间互评的价值，在于加入了社会组织接受社会公评的环节。"公益圈子"内的活跃者会在项目之外、汇报材料之内，提供对该组织的社会声誉的观察。组织自评一方面具有让受评组织自我了解、自我改进的功能；另一方面，自评与他评的差异提供了评鉴中的另一类信息，可以提醒评鉴者注意一些没看到的事情，更可以让受评者了解自我认知与社会认知之间的落差。

长期在社区做社区服务或社区治理工作的伙伴一定都会发觉，社区治理面对的最大的难题，就是由上而下的服务供给和社区居民由下而上的真实需求衔接不上。大量的社区公共建筑与公共空间沦为"政绩工程"；各级政府提供大量经费将社会服务外包，但监管困难；提供服务的单位往往用物质激励居民参加活动，留下活动照片当作绩效证明，结案时可以"交差"，却无法让居民感受到真正的服务。其实，这样的基层治理问题是一个世界性的难题，比如在台湾就有"蚊子馆"的说法，意思是只有开幕那天领导和记者来的时候，服务居民的公共建筑才充满了"快乐"的小孩与"幸福"的老人。典礼一结束，场馆就空置了，只能养蚊子。政府一有奖励与补贴，不管居民有没有需求，基层政府、社区或社会组织就来申请经费，最后都成了浪费，变成了上级政府拍脑袋提供的"惠民措施"，下级单位拿资源并表功的"绩效工程"。

项目制加上结项时才有的专家评估，很容易就有"报告出政绩"的问题。上面谈到的评鉴方法都在努力避免这一问题出现，比如在项目期间，会有一次到两次的定点监测。但毕竟一个社区自组织的活动就分布在日常生活之中，很难在一两次"监测"中掌握完整的实况。

为解决这个难题，清华团队实验了网上网下结合的辅导方法。发觉在社区自组织培育的过程中，将社区营造与互联网信息数据相结合，可以实现线下辅导培育、线上追踪评估，并得到了良好的治理效果。

其实这个 off-line to on-line 的 O2O 社区治理实验，原本并不是为了网上数据的收集，更不是为了评估社区自组织提供社会服务的效率与效果，而是为了节省团队工作人员的负担。过去，团队培育的二十四个社区自组织有活动，我们都尽可能到场给予辅导。在有大量志愿者参加工作时，是有可能的。但在实习生人数不够时，就显得捉襟见肘了。对一般枢纽型社会组织，这样的工作方式更是耗时费力，不可复制。所以清华团队把辅导工作逐渐转为远距离辅导，却意外地发现，将社区自组织都拉到微信群后，可以提供即时、便宜和有效的辅导与评估，极大地增加了基层治理的效能。

线上线下相结合的评估方式，一是提高了人力追踪活动的效率；二是真实客观地反映了自组织项目活动动态；三是为组织评估提供大数据分析指标，从而为评估报告提供客观数据支持。如此的评估方式，可以改变项目制评估过程中，对参与人数、活动次数、受益人群等内容的局限性，进而更了解社区自组织内部治理机制的建立情况、是否有承接项目的组织能力、组织内部成员和受益群体的感受及反馈等信息。更多关注人的需求是否得以满足，更为客观地评估社会影响力及项目的成效。

大栅栏街道自 2015 年开始，便持续举办微公益创投项目。在第二届微公益创投实施期，清华社造团队建立了两层微信群，并让团队成员在

第四章　行政社造化——建立多元协商与治理机制

居民的邀请下加入社区自组织的微信群，以对自组织进行辅导和评估。

第一层是在自组织建立信任关系的基础上，或协助自组织建立微信群，或加入自组织建立的微信群等方式，在线上持续引导自组织进行项目管理和自组织建设，并在线下辅导项目档案资料的管理和财务报销方法。

第二层是社区能人的管理群，可以让各个社区自组织将自己的活动情况整理出来，提供给其他人参考、讨论、头脑风暴，在相互观摩中增加彼此的组织能力。

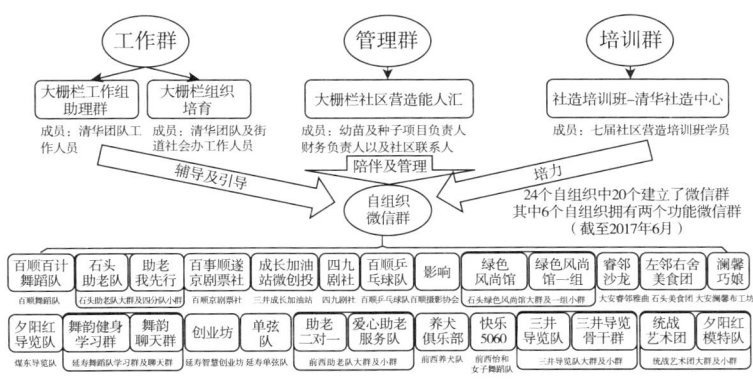

图 4-4　大栅栏街道社区自组织微信群情况（截止至 2017 年 6 月）

截止到 2017 年 6 月，大栅栏街道正在培育的 24 个社区自组织中，追踪到有 20 个自组织建立了自己的微信群。其中 6 个自组织由于组织内部分层或功能分化等原因，形成了两个微信群。

由于自组织分层而形成两个微信群的自组织，包括石头社区助老服务队、前西社区统战艺术团和石头社区绿色风尚馆。例如,石头社区助老队拥有大群和四分队小群。四分队小群成员只有分队几名队员,主要用来讨论本分队的工作分工、发布活动时间以及分享活动照片等内容。助老队大群包括了五个分队的所有队员,以及社区党委书记、居委会主任等,主要讨论助老队的工作安排、分队工作动态以及日常早安问好、美文分享等内容。

由于自组织核心管理层工作所需而单独成立核心管理群的自组织,包括三井社区导览队和前西社区助老队。例如,三井社区导览队拥有大群和核心骨干小群,大群成员为所有导览队队员,主要发布活动通知、分享活动感受及照片等。而小群成员只有团队的核心人员,作为自组织核心管理层的工作讨论群。

由于群功能分化而形成两个微信群的自组织,包括延寿社区轻舞飞扬舞蹈队。由于群内讨论内容及群功能不同,其拥有工作群和聊天群两个微信群,群内成员基本相同。工作群主要作用是发布工作消息和动态分享、学习舞蹈知识及技巧,聊天群则是大家任意分享自己感兴趣的文章或视频等。

网上辅导内容包括项目管理、财务管理、自组织管理等内容。引导自组织在群里发布活动照片、文字说明,进行项目档案资料的撰写和资料留存的工作,并留下自组织成员及受益对象的所感所想。清华社造团队带领自组织将此信息共同完成并进行整理,形成活动信息,发布在社区能人管理群中,便于自组织间的互动交流及学习。以下为清华社造团队辅导自组织的说明文件及网上辅导案例。

第四章 行政社造化——建立多元协商与治理机制 ● ● ●

大栅栏街道社造团队辅导社区自组织线上追踪说明

第一，区分是不是项目书计划内的项目。

项目负责人需要具有区分项目书计划内外的能力。凡是大栅栏街道社区营造项目书中出现的活动，则为计划内，否则为计划外。

第二，上传照片及资料。

每次活动后，挑选五张以内质量效果最好、最能反映活动情况、显示队员人数的照片，发至自组织群内。

同时配上当天活动的简要记录，包括的信息点为：时间、地点、参会人员情况、参会人数、活动内容、队员反馈等。

第三，上传项目档案手册中的活动签到表和活动记录表。

将此次活动的签到表和记录表写完后，拍照上传至自组织群内。

图 4-5 中的信息，分别来自澜馨布工坊和三井导览队两个自组织的网上追踪案例。清华社造团队在辅导自组织进行网上管理的过程中，不断辅导其如何撰写活动记录、如何记录参与者的感受，并引导其留下活动照片、活动签到表等信息。在收集到以上信息后，清华社造团队引导自组织在每次活动之后，形成信息稿，如图 4-5 所示，包括活动签到表、活动照片、活动记录以及队员感受等几个模块，并进行编辑和推送。前期需要清华社造团队手把手辅导、带头制作，例如澜馨布工坊案例；后期自组织可以独立完成这些工作，例如三井导览队案例。在此过程中，我们也发现，社区能人和自组织的创造力和能

动性是超乎我们想象的,社区里卧虎藏龙。自组织具备了宣传意识和能力后,所呈现出的作品内容及质量往往会高于示例,这源于他们对自己所做工作的热爱,同时也体现出自己对自己的交代。关键在于如何引导和激发他们的活力,并辅导其提高自身能力。

图 4-5　网上辅导自组织进行项目管理和组织管理示例

第四章　行政社造化——建立多元协商与治理机制 ●●●

四　小结

本书的重点在于探讨一个社区如何从"输血"变成"自我造血",以提供社会公共产品,从社会福利、社区服务、环境保护、社区空间规划到经济发展、文化再生等,所以特别强调自组织治理的价值。但是在第一章相关理论中,讨论到的"善治"绝对不是市场好、政府好还是自组织好的问题,而是三种治理相生相融,因时因地制宜得来的,诚如中共中央、国务院2017年发布的《关于加强和完善城乡社区治理的意见》中,强调健全完善城乡社区治理体系:第一,充分发挥基层党组织领导核心作用;第二,有效发挥基层政府主导作用;第三,注重发挥基层群众性自治组织基础作用;第四,统筹发挥社会力量协同作用。

这清楚地表示出社区善治既有从上而下的层级治理,又有由下而上的自组织治理,相生相融。如何因时、因地制宜地发挥出协同的力量,正是我们看到的各地都在做社会治理创新的真义所在,也是治理理论的核心要义。

附录 4-1　评估方法——台湾经验*

在进行营造地方文化生活圈的评估时,生活圈之外会有一些项

---

* 本段文字的所有权与修改权都归王本壮所有。如需引用,请与原作者联络。

目,也会有项目的锁定目标存在,需要依据这些目标达成后面的评估。在接触一个大型项目时,要有一个完整的计划目标。厘清这一计划目标之后,结合下发的文件内容,思考在这个计划中,它的重要目标是什么。这个重要目标确定下来之后,我们才能依据这个计划目标形成大的目标,在大目标下形成子项目,在子项目下形成子标的。一般来说,我们做这样的评估会在三个层面进行思考。

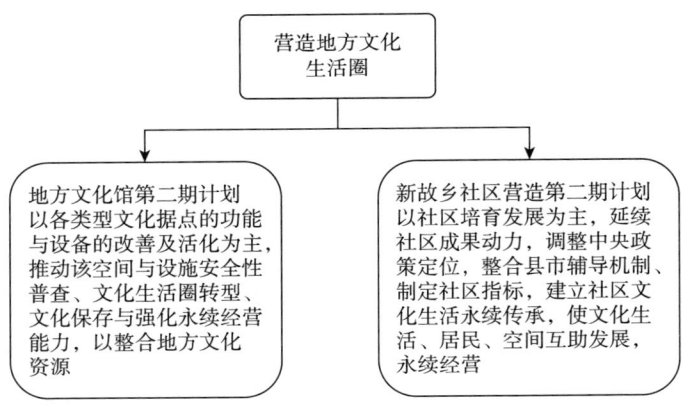

图附 4-1　计划缘起:基石行动(Bedrock Action)

整个结构中,通过对文献的研究,整理出一些规划和一系列考核评价机制。在生活圈给它重新定义,以模式加地图的结果呈现出来,形成循环的经验,能够让民众自己产生认同。其实这些东西都是在定性,看大家对这件事情的共识和看法,只有有了共识和看法之后,才有机会做下面的几个项目。

最初的概念是通过行为学和环境认知的模式去思考这个事情的

第四章　行政社造化——建立多元协商与治理机制

建构，现在开始进入规划这一环节。整个规划的部分，我们对效应进行描绘，有了这些效应才会出来考核的机制。从前面那一部分下来之后，接下来几个就很重要了。

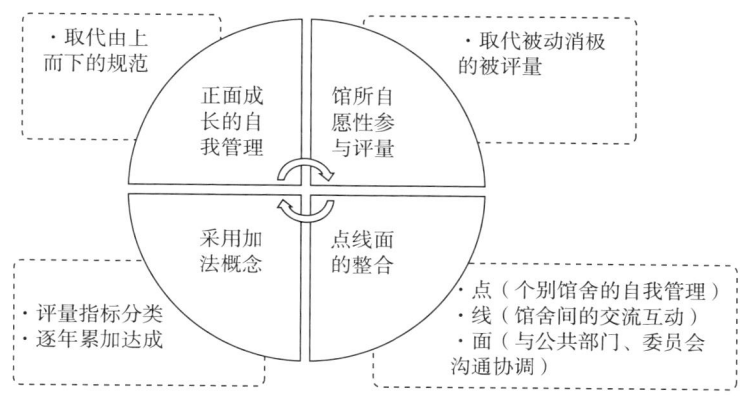

图附 4-2　台北市文化馆所评量考核通则机制基本理念

第一，正面成长的自我管理。因为评估指标和评估模式一定不是修正它的，而是希望能够让它逐步提升。这个概念是要取代由上而下的规范。在做文化传承的时候，可能很难用由上而下的逻辑，上级可能有他的政策思考，而我们期望这个政策思考能够建立在由下而上的、有活力文化传承的模式下。

第二，馆舍自愿性的参与评价。做任何的评价评估，最后结果一定有一个排名的问题，到底是好还是坏，或者说评量的结果。很多的馆所或者社区，前期都会鼓励他们来参与，和他们讲述参与的好处是什么，比如在参与的过程中容易了解自己的问题在哪里。甚至在初期过程中，活动的进行都是以奖励为主的。大概1月的时候，台湾22个县市刚做完有关2016年的社区营造县市城的评选，评选的最后，台湾每个县市业务承办人，最少是记一个家长，多的可以记两个小工，全部被奖励了。因此，刚开始做的时候，一定要鼓励更多人参与，指标的制定一定要考虑到活动处于初期这一因素。取消被动的、消极的评价，目的是引导、诱使人们参与。只有让他们参与之后，认为参与对他们的发展有帮助，以后才会愿意参与。

  第三，点线面整合。在评价过程中，要让馆舍或者个别社区对评量结果有一个清楚的认知，即这个评量并不是只评自己，而是在评大家。为了达到这个评量效果，我们需要做的是在自我管理之外，还要有馆舍之间的交流，而且还要提供推卸责任的地方。当然也不是单纯推卸责任，而是希望馆舍或社区在评估的过程中能够明白自己所在位置的上下关系，或者自己在整个架构当中是什么位置，了解和其他单位之间的关系。

  我们制作了地方文化馆评估手册，包括外部评价和内部评价。外部评价就是把馆舍分为三个类型，一个叫展示类，一个叫表演类，一个叫混合类。三大类再细分出类项，这是大致的设计思路。做完之后，我们才有办法进入到这一块，让馆舍有简单的分类和分级。分级里有地方文化馆、社区类文化馆，高级的叫准博物馆，再高级的是经过所谓的国际博物馆认证的博物馆，都带有不同的指标和标准。现在在做的不是已经认定为博物馆的，或是经过博物馆认证的，而是做准博物馆和社区文化馆，所以才分了这些类型。

第四章 行政社造化——建立多元协商与治理机制

展示类	第一阶段 ・策展计划符合馆舍宗旨 ・展场责任归属 ・典藏品安全与保管规则 ・明确的研究计划 ・教育活动与馆舍宗旨相符 ・解说导览服务 ・场地空间 ・场地租借	表演类	第一阶段 ・表演活动符合馆舍使命 ・明确的研究计划 ・教育活动与馆舍宗旨相符 ・解说导览服务 ・场地空间 ・场地租借	综合类	第一阶段 ・策展计划符合馆舍宗旨 ・典藏品安全与保管规则 ・表演活动符合馆舍使命 ・明确的研究计划 ・教育活动与馆舍宗旨相符 ・解说导览服务 ・场地空间 ・场地租借
	第二阶段 ・典藏品征集与管理 ・典藏品审查委员会 ・典藏品交流与外借 ・典藏品注销 ・多元化文化教育设施		第二阶段 ・多元化文化教育设施 ・结合在地资源 ・交流观摩活动		第二阶段 ・多元化文化教育设施 ・典藏品征集与管理 ・展场责任归属 ・典藏品交流与外借 ・结合在地资源

图附 4-3　馆舍功能模组

在对这些基本的资源调查和分类研究之后，我们才进入到各个馆舍的自我管理，和馆舍之间交流。此外，我们还要和公平委员会进行沟通协调，让他们认清楚自己在三部分当中所处的位置和他们之间的相互关系，让他们可以实现所谓的认识。

第四，是夹板的概念。以往由上而下的评价的方式是 100 分，分 10 个项目，一个项目 10 分。这个项目做得怎么样？做得不好就扣分，60 分以下不及格，做得好则是 80 分以上。在这里发现文化馆之间的差距很大，就和社区一样，大家的兴趣喜好不同，活动各式各样，所以又变成依据文化馆的需求和特色对评价指标进行分类，这一点有点像菜单的概念。我们分类之后，逐年累加达成，这四个是能够涉及所有的内容中最核心、最基础的。这个机制来自于前面一系列已经做好的研究和分类，最终建构基本的价值和标准。为什么要制定大的标准？这就又回到了我刚刚提到的问题，到底我们做每一个社区的时候，或者做这类的特色团体，在做这些项目的时候如何评估？是有一套共同标准还是因材施教式的个性化评估？这套评估机制在文化馆基本上是适用的，在此基础上逐步建立其他的内容，其实是一个环状过程。要形成一个环状的内容是一个漫长的过程，我们早期做是单环的，后来我们发展成双环的，使用 NET 的概念，内部循环和外部循环，两个结合在一起做评估和成长。

文化局也曾咨询过评量问题。在评量的过程中，要进行自我解释，我们会帮他形成小的群主，包括他的同侪。比如偶戏馆，可能跟偶戏馆类似的有一个皮影戏馆，还有一个服饰馆，这些类似的馆之间就形成同侪的小群主。偶戏馆提出来之后，其他几个馆肯定也有兴趣，我们可以争取。可以大家相约一起来看，再加上专业委员进行所谓的视察，即考核督导。考核督导这个说法可能会有一点上对下的概念，其实是为了在较为正式的过程中去了解情况。

考核督导的工作完成之后给出的评估表，就可以检视自己的问题所在，然后督导就跟着进入下一个循环。通常是 3 年的周期，我们就会让馆舍有机会从某一个层级提升一个位阶，到另外一个层级。

每个人需求不一样，下一步就是功能模组。在功能模组这一块，基本上在你所要评量的范围内的活动，大家都可以经过相互讨论达成。我们在做这个模块的时候，和台北市所有的馆舍进行过讨论。这些馆舍不管什么类型，都需要这些内容，包括在第一阶段，可以看到

第四章　行政社造化——建立多元协商与治理机制

评量还是分时间点的，初期的评量和发展过后第二年、第三年的评量要持续地做调整，而且还要再进步。

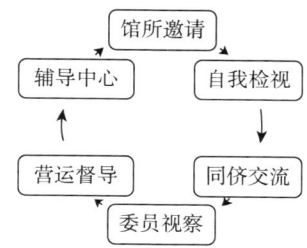

图附 4-4　台北市文化馆所评量考核通则机制作业程度

比如第一阶段，很多馆舍刚开始的时候，组织章程、经费、人力资源都不清楚、不确定，这就是评估的重点。等到下一阶段之后，这个指标就可以去掉，尤其对完整的馆舍来讲可以去掉。当进入到第二阶段，募款捐款，有的馆舍处于发展初期，就会用第一阶段的方式评价运作。有的馆舍比较成熟，就会进入到第二阶段。因此，在组织运作的过程中，都有不同阶段需求的可能性。

在功能服务这部分，也一样分两个阶段。这两阶段基本上都是三年的时间完成这些内容，这也是大家共同讨论通过的内容。再就是功能模组，展示在第一阶段和第二阶段的功能模组，各自有不同的需求。在功能模组里如何计算？假设要量化的，比如用分数来看这个事情，前面所有的模组评完之后，要求必须达到 60 分，才算完成共同模组的需求，达标之后才有办法进入下一阶段。假如说这个馆舍或者这个单位，它的基本模组都没有达标的话，是没有办法选择功能模组

177

的。假如基本模组都没有办法达标的话，这就表明没有办法申请功能模组的费用，只能申请基本模组的费用，而且基本的建构、基本条件的资源在取得之后才能操作。大部分的馆舍都会很积极，可能在一年或者两年把前面这些完成，之后就有办法依据自己的个性发展，申请经费，获得资源。这些评估会跟后续的资源补助有一点关联，在最初并没有告诉大家这件事情，可是后来大家慢慢发现，当评估这些事情做好去申请经费的时候，他们手上会有我们的评估资料。有没有积极主动做这些事情，或者说有没有做这些准备？我可以回答有。准备好资料的话，获得经费资源的机会更大，甚至可以有更好的营利的可能性。

表附 4-1　不同类型馆舍评量指标组合

展示类	表演类	综合类
A 组：（70%）馆舍营运管理	A 组：（70%）馆舍营运管理	A 组：（70%）馆舍营运管理
B 组：（40%）馆舍类型 - 展示类	C 组：（30%）馆舍类型 - 表演类	D 组：（35%）馆舍类型 - 综合类
E 组：（10%）创意开发与媒体关系	E 组：（10%）创意研发与媒体关系	E 组：（10%）创意研发与媒体关系
总分：120	总分：110	总分：115

这些东西做了之后，还会产生群众的部分，所以每一种不同的类型在不同的组合下，自己可以思考或者选择用什么样的方式。表附 4-1 可以看到分数不太一样，总分这个概念是因为我们希望打破 100 分的概念，所以是逐步累加的过程。假如是一个展示类的，它属于 A 组的话，营运管理 70 分，就占 70%。展示类的这一块，功能模组就占 40%，他们在这些组合下能形成自己特色发展的可能性。当然，他

第四章　行政社造化——建立多元协商与治理机制

们可以和同样的群主进行比较，在和其他群主比较的过程中，会有相同的也有不同的地方，这已经开始产生一些量化的结果。而量化的结果有可能说服出资方，不管是委托单位，或是财政单位，他们将做到的成果以数据的形式提交给行政部门，行政部门就会很满意了。但如果完全是用语言进行文字陈述，行政部门可能无法很好地衡量这一成果。因此，为行政部门展示成果的方式，最好是有数据作为支撑，然后加上一些分析，这样的展示是行政部门喜闻乐见的方式。

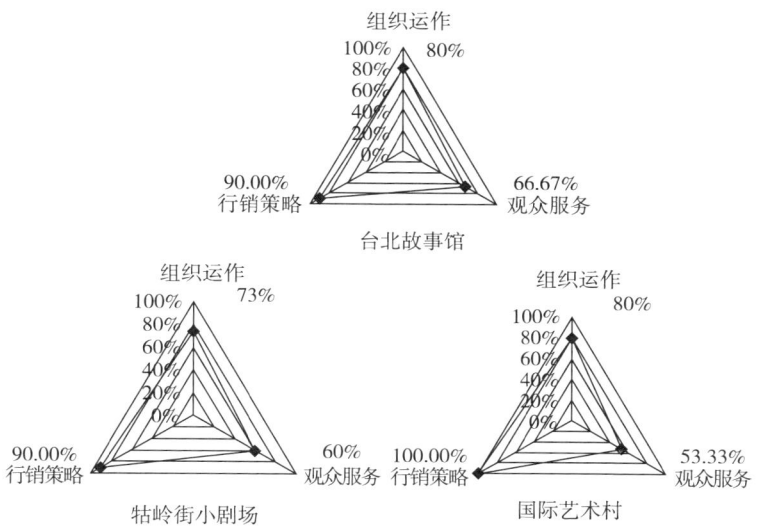

图附 4-5　范例说明：模拟评量雷达图

所以，在这一运作之下，更细致的就会把这几个面相建构出雷达图。雷达图做出来之后，他们可能会看到发展过程中哪些地方有欠缺。你会看到台北市的馆舍，不管是展示类、表演类，还是综合类，这三种馆舍的观众服务维度相对比较弱，这就产生了共通点。以台北市政府来讲，在今年的评估中对观众的服务很弱，没有时间管理进来参观的这些人，或者对社区民众进行服务。那明年就要加强这部分，去提升这个部分的成果和效益。所以这类的评估对政府来讲，是另外一种提醒方式。而且经费下去之后，他们在做的过程中，哪些地方做得不好，就可以按照评估的结果去提升、强化。

流程制度是比较重要的，到底有没有可能建构比较简单的SOP，所有被评的单位可以通过这个过程具体了解要如何实施，不管是政府的要求指导，还是馆舍自己的提升。目前是这样一个状况，比如评量申请在11月到12月，为什么是在这个时候？因为今年的项目做到什么程度了，大家心里会有一个衡量标准，所以当自己觉得有信心的时候，就去申请。申请的时候是第二年1～7月。所谓的自我检视，就是一系列的评估表格需要逐一确认。因为已经申请了，所以就同时把同类型的群体组织起来，他们检测完成之后，用两个月时间到其他的馆舍去看。这样做的原因是同时让其他的馆舍学习，在参观的过程中，馆舍就会有一些想法，其他的馆舍也会提意见。在这个视察的过程中，就会进入到实际的督导部分。现在没有督导，馆所经营管理营运的委员会做评估，当然还有更细致的评估方法。我记得大概有54个项目，可以自己挑，有的馆舍可能会挑24个，有的可能挑18个，有的可能挑35个，这些都不一定，就看馆舍性质跟运作的能力。挑选的时候，我们会带头依据达成率的高、中、低去评分，综合评分之

第四章　行政社造化——建立多元协商与治理机制

后，达成度高于 70% 和低于 70% 的，产生不同的可能性。在辅导的过程中，再去做第二次的评量申请指正等。所以，这样的模式至少两年一个循环。三年之后，去确认它到底能不能营运完成。之所以是三年，是因为台北市政府对馆舍的签约，一签就是三年，所以一个循环就是三年。也就是说，第一年可以看到时达成度 70%，高于 70% 和低于 70% 都没有差别。但事实上，馆舍已经开始自己去了解了，所以会出来雷达图，自己在哪个项目上缺失，就会去处理。

那么到了三年的期限，项目完成之后，达成度低于 70% 的部分启动紧急营运制度，因为不敢写退场，其实就是要把它拿掉。达成 70% 的话，持续进入到下一个三年，允许再经营三年之后，继续提升成为这样的形式，这就是营运的流程。当然，更细致的还会有一些其他的可能性。另外，在营运部分，还有不同的功能需求。所以可以看到，通常在这个过程中，自己要挑的部分比较好。台北故事馆是属于展示类的，可是展示这一维度表现得很弱，表示展示的专业度不足。实际上，故事馆在那个时候，因为主导它的基金会把它当成是类似招待所的场所，之后改为比较小众的经营人使用，很清楚地呈现它的特质。牯岭街小剧场，它是表演类的，表演功能很强，这就符合这个概念。宝藏岩国际艺术村也是这样，它是综合类。通过这个就可以看到，它在自己功能的定位上够不够强化、能不能提升，能否做到自己定位上的那个效果，以及在过去，它们对自己的定位是否清楚。

在培育社区自组织和培育社会组织的过程中，既有相似性又有差异性。虽然具体的评估指标会略有区别，但评估的操作方式和最终目标基本一致，即利用多方评鉴、综合评估的方式，加入各方专家意见、同侪意见、项目实施方意见，通过评估过程引导组织日趋完善，并更加注重项目实施过程的严谨性、组织内部治理机制的建立以及组织间互动交流。

附录4-2 《关于改革社会组织管理制度促进社会组织健康有序发展的意见》（节录）

为深入贯彻党的十八大和十八届二中、三中、四中、五中全会精神，进一步加强社会组织建设，激发社会组织活力，现就改革社会组织管理制度、促进社会组织健康有序发展提出以下意见。

三 大力培育发展社区社会组织

（一）降低准入门槛。对在城乡社区开展为民服务、养老照护、公益慈善、促进和谐、文体娱乐和农村生产技术服务等活动的社区社会组织，采取降低准入门槛的办法，支持鼓励发展。对符合登记条件的社区社会组织，优化服务，加快审核办理程序，并简化登记程序。对达不到登记条件的社区社会组织，按照不同规模、业务范围、成员构成和服务对象，由街道办事处（乡镇政府）实施管理，加强分类指导和业务指导。鼓励在街道（乡镇）成立社区社会组织联合会，发挥管理服务协调作用。

（二）积极扶持发展。鼓励依托街道（乡镇）综合服务中心和城乡社区服务站等设施，建立社区社会组织综合服务平台，为社区社会组织提供组织运作、活动场地、活动经费、人才队伍等方面支持。采取政府购买服务、设立项目资金、补贴活动经费等措施，加大对社区社会组织扶持力度，重点培育为老年人、妇女、儿童、残疾人、失业人员、农民工、服刑人员未成年子女、困难家庭、严重精神障碍患者、有不良行为青少年、社区矫正人员等特定群体服务的社区社会组织。有条件的地方可探索建立社区社会组织孵化机制，设立孵化培育资金，建设孵化基地。鼓励社会力量支持社区社会组织发展。

（三）增强服务功能。发挥社区社会组织在创新基层社会治理中的积极作用，推动建立多元主体参与的社区治理格局。鼓励社区社会组织开展邻里互助、居民融入、纠纷调解、平安创建等社区活动，组织社区居民参与社区公共事务和公益事业，促进社区和谐稳定。支持社区社会组织承接社区公共服务和基层政府委托事项，开展社区志愿服务。建立社区社会组织与社区建设、社会工作联动机制，促进资源共享、优势互补，把社区社会组织建设成为增强社区自治和服务功能、吸纳社会工作人才的重要载体。

附录4-3 中共中央办公厅、国务院办公厅印发《关于加强城乡社区协商的意见》（全文）

为深入贯彻落实党的十八大和十八届三中、四中全会精神，发展基层民主，畅通民主渠道，开展形式多样的基层协商，推进城乡社区协商制度化、规范化和程序化，根据有关法律和《中共中央关于加强社会主义协商民主建设的意见》精神，现就加强城乡社区协商提出如下意见。

一　总体要求

（一）重要意义。城乡社区协商是基层群众自治的生动实践，是社会主义协商民主建设的重要组成部分和有效实现形式。改革开放特别是党的十八大以来，各地基层坚持有事多协商、遇事多协商、做事多协商，有效维护了群众切身利益，促进了社会和谐与文明进步。当前，随着新型工业化、信息化、城镇化、农业现代化的深入推进，我国经济社会发生深刻变化，利益主体日益多元，利益诉求更加多样。社区是社会的基本单元，加强城乡社区协商，有利于解决群众的实际困难和问题，化解矛盾纠纷，维护社会和谐稳定；有利于在基层群众中宣传党和政府的方针政策，努力形成共识，汇聚力量，推动各项政策落实；有利于找到群众意愿和要求的最大公约数，促进基层民主健康发展。

（二）指导思想。以邓小平理论、"三个代表"重要思想、科学发展观为指导，深入贯彻习近平总书记系列重要讲话精神，坚持党的领导、人民当家作主、依法治国有机统一，充分发挥社会主义制度的优越性，按照协商于民、协商为民的要求，以健全基层党组织领导的充满活力的基层群众自治机制为目标，以扩大有序参与、推进信息公开、加强议事协商、强化权力监督为重点，拓宽协商范围和渠道，丰

第四章　行政社造化——建立多元协商与治理机制

富协商内容和形式，保障人民群众享有更多更切实的民主权利。

（三）基本原则。坚持党的领导，充分发挥村（社区）党组织在基层协商中的领导核心作用。坚持基层群众自治制度，充分保障群众的知情权、参与权、表达权、监督权，促进群众依法自我管理、自我服务、自我教育、自我监督。坚持依法协商，保证协商活动有序进行，协商结果合法有效。坚持民主集中制，实现发扬民主和提高效率相统一，防止议而不决。坚持协商于决策之前和决策实施之中，增强决策的科学性和实效性。坚持因地制宜，尊重群众首创精神，鼓励探索创新。

（四）总体目标。到2020年，基本形成协商主体广泛、内容丰富、形式多样、程序科学、制度健全、成效显著的城乡社区协商新局面。

二　主要任务

（一）明确协商内容。根据当地经济社会发展实际，坚持广泛协商，针对不同渠道、不同层次、不同地域特点，合理确定协商内容，主要包括：城乡经济社会发展中涉及当地居民切身利益的公共事务、公益事业；当地居民反映强烈、迫切要求解决的实际困难问题和矛盾纠纷；党和政府的方针政策、重点工作部署在城乡社区的落实；法律法规和政策明确要求协商的事项；各类协商主体提出协商需求的事项。

（二）确定协商主体。基层政府及其派出机关、村（社区）党组织、村（居）民委员会、村（居）务监督委员会、村（居）民小组、驻村（社区）单位、社区社会组织、业主委员会、农村集体经济组织、农民合作组织、物业服务企业和当地户籍居民、非户籍居民代表以及其他利益相关方可以作为协商主体。涉及行政村、社区公共事务和居民切身利益的事项，由村（社区）党组织、村（居）民委员会牵头，组织利益相关方进行协商。涉及两个以上行政村、社区的重要事项，单靠某一村（社区）无法开展协商时，由乡镇、街道党委（党工委）牵头组织开展协商。人口较多的自然村、村民小组，在村党组织的领导下组织居民进行协商。专业性、技术性较强的事项，可以邀请相关专家学者、专业技术人员、第三方机构等进行论证评估。协商中应当重视吸纳威望高、办事公道的老党员、老干部、群众代表、党代表、人大代表、政协委员，以及基层群团组织负责人、社会工作者参与。

（三）拓展协商形式。坚持村（居）民会议、村（居）民代表会议制度，规范议事规程。结合参与主体情况和具体协商事项，可以采取村（居）民议事会、村（居）民理事会、小区协商、业主协商、村（居）民决策听证、民主评议等形式，以民情恳谈日、社区（驻村）警务室开放日、村（居）民论坛、妇女之家等为平台，开展灵活多样的协商活动。推进城乡社区信息化建设，开辟社情民意网络征集渠道，为城乡居民搭建网络协商平台。

（四）规范协商程序。协商的一般程序是：村（社区）党组织、村（居）民委员会在充分征求意见的基础上研究提出协商议题，确定参与协商的各类主体；通过多种方式，向参与协商的各类主体提前通报协商内容和相关信息；组织开展协商，确保各类主体充分发表意见建议，形成协商意见；组织实施协商成果，向协商主体、利益相关方和居民反馈落实情况等。对于涉及面广、关注度高的事项，要经过专题议事会、民主听证会等程序进行协商。通过协商无法解决或存在较大争议的问题或事项，应当提交村（居）民会议或村（居）民代表会议决定。跨村（社区）协商的协商程序，由乡镇、街道党委（党工委）研究确定。

（五）运用协商成果。建立协商成果采纳、落实和反馈机制。需要村（社区）落实的事项，村（社区）党组织、村（居）民委员会应当及时组织实施，落实情况要在规定期限内通过村（居）务公开栏、社区刊物、村（社区）网络论坛等渠道公开，接受群众监督。受政府或有关部门委托的协商事项，协商结果要及时向基层政府或有关部门报告，基层政府和有关部门要认真研究吸纳，并以适当方式反馈。对协商过程中持不同意见的群众，协商组织者要及时做好解释说明工作。协商结果违反法律法规的，基层政府应当依法纠正，并做好法治宣传教育工作。

三 组织领导

（一）加强党的领导。村（社区）党组织要加强对协商工作的组织领导，注意研究解决协商中的困难和问题，及时向乡镇、街道党委（党工委）和政府提出工作建议。积极探索扩大党内基层民主的实现形式，全面推进村（社区）党务公开，建立健全党代表联系群众制度，以党内民主带动和促进城乡社区协商发展。加强基层党组织和党员队伍建设，鼓励和支持党员干部积极参与协商活动，切实发挥好基层党组织战斗堡垒作用和党员先锋模范作用，引领城乡居民和各方力量广泛参与协商实践。

（二）建立健全工作机制。地方各级党委和政府要把城乡社区协商工作纳入重要议事日程，结合实际研究制定具体办法。要加强分类指导，针对人口密集、人数较多的村（社区），外来务工人员较多的村（社区），留守人员较多或地广人稀、居住分散、交通不便的农村地区以及民族地区的特点，设计协商方案，提高协商的针对性、有效性。民政部门要会同组织等有关部门认真做好协商工作的指导和督促落实。推进乡镇、街道协商民主建设，提高乡镇、街道指导行政村、社区协商活动的能力和水平。建立健全基层党组织领导、村（居）民委员会负责、各类协商主体共同参与的工作机制，定期研究协商中的重要问题。建立健全乡镇、街道协商与行政村、社区协商的联动机制，推动协商工作深入开展。注重发挥群团组织和社会工作者的优势，协助动员和组织居民群众参与协商。村（居）务监督委员会要加强监督，保障协商依法有序开展。

（三）加强对协商工作的支持和保障。进一步完善基层群众自治的法律法规，为城乡居民开展协商民主实践提供法律支撑。县（市、区、旗）和乡镇、街道要进一步加大支持力度，通过村级组织运转经费保障机制等现有渠道，为城乡居民开展协商活动提供必要条件和资金。有条件的地方，经村（居）民会议或者村（居）民代表会议讨论决定，可以制定具体实施办法，对符合规定且受村（居）民委员会委托组织群众协商的人员，给予适当误工补贴，并按照村（居）务公开的要求予以公示。

（四）提升城乡居民参与协商的能力。倡导协商精神、培育协商文化，引导群众依法表达意见，积极参与协商。开展基层干部和行政村、社区工作者专题培训，提高组织开展协商工作的能力和水平。广泛开展政策宣传，普及法律知识，帮助城乡居民掌握并有效运用协商的方法和程序，营造全社会关心、支持、参与城乡社区协商的良好氛围。发挥各级党代表、人大代表、政协委员密切联系群众的积极作用，引导基层群众开展协商活动。开展城乡社区协商示范点建设，充分发挥引领带动作用。

附录4-4　成都市民政局《关于开展城乡社区可持续总体营造行动的通知》（全文）

为贯彻落实市委、市政府《关于深化完善城市社区治理机制的意见》（成委发〔2016〕6号）精神，进一步深化我市"三社联动"，统筹发挥基层政府、社会力量、居民群众主体作用，提升基层社会治理水平，将城乡社区发展成为具有共同情感联结、共同社区意识、共同文化凝聚的社会生活共同体，2016年起，我市全面开展城乡社区可持续总体营造行动。现将通过深化"三社联动"开展城乡社区可持续总体营造行动的相关事项通知如下：

一　总体要求

牢牢把握社会治理核心是人、重心在城乡社区、关键是体制创新的要求，坚持党委领导、政府主导、社会协同、公众参与、法治保障的社会治理体制，深化完善"一核多元、合作共治"基层治理机制和"三社联动"社区发展机制，在社区（指城乡社区，下同）广泛开展可持续总体营造行动。以居民（指城乡居民，下同）需求为导向、社会组织为载体、社工人才为支撑，引导居民组织化参与社区公共事务。通过以居民为主体的集体行动，促进社区公共利益，解决社区问题，弘扬社区文化，培育社区社会资本，把社区建设成为出入相友、守望相助、疾病相扶、邻里相亲的社会生活共同体。

二 基本原则

——居民主体原则。居民不仅是公共产品的消费者，更是社区公共事务能动的参与者、建设者，社区公共议题的提出、参与、实施应当以居民为主体，村（居）委会以及枢纽型专业社会组织作为协助者，推动居民主动自发解决公共议题、协调矛盾纠纷。居民主体是社区总体营造的首位原则。

——共同参与原则。居民参与社区公共事务决策、执行、监督、评估全过程，不同利益群体对社区公共事务的意见有常态的表达途径和沟通渠道。共同参与是社区总体营造的核心原则。

——过程导向原则。居民对社区公共问题进行有序协商达成妥协和共识，形成有效集体行动的过程，是对居民公共意识公共精神的培养过程，行动过程的价值高于行动结果。过程导向是社区总体营造的价值原则。

——自下而上原则。居民的需求与问题，通过自下而上的居民参与自主解决，是居民自治的精神内核。居民参与社区公共事务应当形成事由民议、策由民定、财由民理、责由民担、效果民评的长效机制，通过自下而上的民主参与塑造居民的责任意识和志愿精神。自下而上是社区总体营造的民主原则。

——权责对等原则。谁主张谁受益谁负责，是社区总体营造的行动逻辑。要按照权责对等原则区分政府、社区自治组织、居民自组织以及居民之间的权利责任义务边界，在社区公共事务领域引导居民主动承担营造美好生活的责任，建立自组织自主解决社区公共问题。权责对等是社区总体营造的基础原则。

三 主要任务

社区可持续总体营造行动的目标是在居民自发组织的过程中，塑造公民意识，构建社区的主体性，提升社区的社会资本，提供社区公共产品，解决社区冲突与问题，提升居民的生活品质和幸福指数。

（一）激发自组织。引导本社区的居民自发组织不同类型、不同功能的自组织，自我管理、自我服务、自我发展、自我监督。通过建立自组织提升居民组织能力、协商能力、行动能力，解决社区问题，满足居民差异化需求。自组织的数量、种类、功能、运行机制、可持续发展能力等是衡量城乡社区可持续总体营造行动水平的重要指标。

（二）转化自组织。将自娱互益的自组织转化为公益组织，在满足居民兴趣爱好的同时促进社区公共利益，为居民提供维护院落秩序、维护社区安全及环境、居家养老、低龄老人志愿服务高龄老人、幼儿托管、残疾人康复、社区就业、垃圾分类、社区融合、留守老人和留守儿童关爱、公共素养公民意识教育等公共产品。将社区自组织成员培育发展为社区志愿者，积累社区社会资本，激发社区互助活力。

（三）培育社区自组织领头人。在社区活动、集体行动中发现有公心有担当有能力有志愿精神的居民，对其给予资金、资源、组织、培训等多方面的支持，将其发展成为居民自组织的领头人，从而不断提高其组织能力、沟通能力、协商能力、协调能力、活动能力、处理矛盾冲突能力和建立规则的能力，使自组织在其带领下能够常态运行发展，提高社区自主管理的水平。

（四）开展公共素养公民意识教育。社区总体营造行动的根本目的在于培养具备公共素养和公民意识的居民，要在营造行动实践中开展法治意识、规则意识、权利意识、责任意识、民主意识、参与意识、协作意识、协商意识、公私界线意识、尊重多元价值意识、互助公益意识、共同体意识、公共精神等教育，培养具有公共素养的居民，使其有意愿有能力参与到社区公共事务中解决社区问题。

（五）寻找支点撬动总体营造。通过关键支点切入，带动多个相关项目，解决多个公共议题，从而撬动整个社区开展可持续的总体营造行动，达成当地居民共同认可的社区愿景。社区总体营造的支点主要从社区的需求入手，涵盖人、文、地、产、景，以及社区面临的困难和问题，社会组织或居民自组织通过申请项目的形式满足需求解决问题，推动社区发展。农村社区要把当地的产业发展作为社区可持续总体营造的重要内容。

（六）协商寻求社区共识。社区公共议题的解决需要遵循协商共治的行动逻辑，众事众议共决。在党组织领导下，社区各利益相关方通过协商的方式求得社区公共利益的最大共识，并形成有效的集体行动。要搭建多方参与协商的议事平台，在村（居）民议事会制度的基础上，广泛吸收各类社会组织、业主委员会、物业公司、驻社区单位、农村集体经济组织、农民合作组织及成员、流动人口等参与协商，同时在协商中运用罗伯特议事规则、开放空间会议等协商技术，运用村（居）民议事会、民情恳谈会、社区论坛、社区对话、社区评议会和民主听证会等多样化的社区协商载体和协商形式，提高社区协商的水平和质量，提高协商议事决策结果付诸行动的有效性。居民在沟通、协商、妥协的过程中形成民主的意识、主体的意识、积极公民的意识，建立村规民约、社区公约、院落公约等社区规范，形成对社区的认同感归宿感。

（七）整合资源推动社区发展。开展社区调查，深度挖掘社区内外部资源，为社区发展提供可持续动力。政府为社区赋能提供的公共服务和社会管理专项资金、政府为解决民生问题配置的老旧院落整治资金和各级政府职能部门、群团组织配置给社区的资源，是社区发展的外部资源。辖区的单位、企业资源，社区的产业、环境、生态、文化、组织、公共空间资源，社区内各式各样的能人、乡贤、达人、精英等，是社区发展的内部资源。探索通过社区公益基金（会）的形式有效整合各类社会资源，支持社区自组织或专业社会组织从社区居民的实际需求出发，以慈善、公益、自治、互助的方式满足居民个性化的服务需求，化解社会矛盾。

（八）多方协力共同营造城乡社区。各级民政部门要发挥好"三社联动"牵头作用，提出社区总体营造的鼓励方向，由专业社会组织、居民自组织自行提交营造方案，由政府职能部门、街道（乡镇）、群团组织或社区通过项目评估给予相应项目支持。专业社会组织提供专业服务，引入外部资源，进行跨域合作，激发居民的主体意识，协力推动社区总体营造。村（居）委会作为联结社会组织、社区自组织、居民群众的平台在社区总体营造中发挥枢纽和协调的作用，将各方力量汇聚起来，凝聚社区共识，提升社区的社会资本，让社区成长为有自治能力、有普遍信任、能够自然生长的生态社区。

（九）加强对社区可持续总体营造的支持保障。市级民政部门社区公益创投资金将持续支持城乡社区可持续总体营造行动项目，各区（市）县的社区公益创投活动也要加大支持力度，形成在全市城乡社区共同推动的态势。城乡社区公共服务和社会管理专项资金鼓励用于城乡社区可持续总体营造行动，以街道（乡镇）或村（社区）为单位，以提案大赛、创投活动、公益擂台等形式，组织社区"两委"代表、居民代表、专业社会组织负责人代表、社区议事会成员代表等组成项目评审组，对院落自治组织、业委会、社区自组织等居民为主体提出的公益项目进行参与式评审资助。

各区（市）县民政部门要抓住民政部倡导推进"三社联动"的契

第四章 行政社造化——建立多元协商与治理机制

机，大力培育社区社会组织、培养专业社工人才、培力社区居民和志愿者，将成都市的城乡社区营造建设成为温暖、温情、温和的幸福生活共同体，实现政府治理、社会自我调节和居民自治的有效衔接和良性互动。

参考文献

陈介玄，1994，《协力网络与生活结构——台湾中小企业的社会经济分析》，台北：联经出版社。

费孝通，1998，《乡土中国》，北京：三联书店。

柯志明，1993，《台湾都市小型制造业的创业、经营与生产组织——以五分埔成衣制造业为案例的分析》，台北：中研院民族所。

罗家德、叶勇助，2007，《中国人的信任游戏》，北京：社会科学文献出版社。

罗家德，2010，《自组织——市场与层级之外的第三种治理模式》，《比较管理》第4期。

罗家德，2010，《中国商道——社会网与中国管理本质》，北京：社会科学文献出版社。

罗家德，2012，《关系与圈子——中国人工作场域中的圈子现象》，《管理学报》第2期。

罗家德、李智超，2012，《乡村社区自组织治理的信任机制初探——以一个村民经济合作组织为例》，《管理世界》第10期。

罗家德、孙瑜、谢朝霞、和珊珊，2013，《自组织运作过程中能人现象》，《中国社会科学》第10期。

罗家德、方震平，2013，《社会资本与重建参与——灾后恢复过程中的基层政府与村民自组织》，WASEDA RILAS JOURNAL，Waseda University，1：99–107。（同时刊登在社会政策评论2013年夏季号。）

罗家德、帅满、方震平、刘济帆，2014，《灾后重建纪事——社群社会资本对重建效果的分析》，北京：社会科学文献出版社。

参考文献

罗家德、孙瑜、楚燕，2014，《云村重建纪事——一次社区自组织实验的田野记录》，北京：社会科学文献出版社。

罗家德、邹亚琦，2015，《社会资本对社会成就归因的影响：以地震灾区农村居民数据为分析》，《江苏社会科学》第5期。

罗家德、帅满、杨鲲昊，2017，《政府信任何以央强地弱》，《中国社会科学》第2期。

罗家德，2017，《复杂——信息时代的连结、机会与布局》，北京：中信出版社。

毛寿龙，2004，《西方公共政策的理论发展之路及其对本土化研究的启示》，《江苏社会科学》第1期。

翟学伟，2004，《中国社会中的日常权威：关系与权力的历史社会学研究》，北京：社会科学文献出版社。

Barnard, Chester. 1938. *The Functions of Executive*. MA: Harvard University Press.

Castells, Manuel. 1996. *The Rise of the Network Society*. Cambridge: Blackwell Publishers.

Chandler, Alfred D. Jr. 1984. The Emergence of Managerial Capitalism. *Business History Review*, 58: 473–503.

Coase H. 1993. The Nature of the Firm. in Oliver Williamson and S. Winter (Ed.). *The Nature of the Firm*. NY: Oxford U. Press, 18–61.

DiMaggio, Paul J. and Walter W. Powell. 1982. *The Iron Cage Revisited: Conformity and Diversity in Organizational Fields*. New Heaven: Yale U. Press.

Drucker, P. 1993. *The Post-Capitalism*. New York: Harper and Row Publishers.

Dyer, J. H. 1996. Does Governance Matter? Keiretsu Alliances and Asset Specificity as Source of Japanese Competitive Adavntage. *Organization Science*, 7: 649–666.

Granovetter, M. S. 1985. Economic action and social structure: The problem of embededness. *American Journal of Sociology*, 91（3）: 481–510.

Granovetter, M. 2002. A theoretical agenda for economic sociology. in R. C. Mauro F. Guillen, Paula England and Marshall Meyer（ed.）. *The New Economic Sociology: Development in an Emerging Field*. NY, Russell Sage Foundation.

Haken, Hermann. 1983. *Synergetics—Nonequilibrium Phase Transitions and Self-Organization in Physics, Chemistry, and Biology*. NY: Springer-Verlag.

Klein, B., Crawford, R. G., and A. A. Alchian. 1978. Vertical Integration, Apporiable Rents and Competitive Contracting Process. *Journal of Law and Economics*, 21: 297–326.

Luo, Jar-Der, and Yeh, Kevin, 2008, The Transaction Cost—Embeddedness Approach to Study Chinese Subcontracting. in Ray-May Hsung, Nan Lin and Ronald Breiger（ed.）, *Contexts of Social Capital: Social Networks in Communities, Markets and Organizations*. New York:

Routledge, pp. 115–138.

Masten, S. E., J. W. Meehan, Jr., and E. A. Snyeder. 1991. The Costs of Organization. Journal of Law. *Economics and Organization*, 7: 1–25.

Milgram, Stanley. 1967. The Small-World Problem. *Psychology Today*, 1: 62–67.

Milgrom, P. R., and J. D. Roberts. 1990. Bargaining Costs, Influence Costs, and the Organization of Economic Activity. in J. E. Alt and K. A. Shepsle (ed.). *Perspectives on Positive Political Economy*. Cambridge: Cambridge University Press.

Olson, Mancur. 1966. *The Logic of Collective Action*. Cambridge (Mass.) and London, Harvard University Press.

Ostrom, 1990. *Governing the Commons: The Evolutionof Institutions for Collective Action*. Cambridge: Cambridge University Press.

Ostrom E., Gardner, R., & Walker, J. 1994. *Rules, Games, and Common-pool Resources*. Ann Arbor: University of Michigan Press.

Ostrom, E. 1998. Behavioral Approach to the Rational Choice Theory of Collective Action, *The American Political Science Review*, Vol. 92, No. 1, pp. 1–22.

Padgett, John F. and W. W. Powell. 2012. *The Emergence of Organizations and Markets*. NJ: Priceton U. Press.

Palay, T. M. 1984. Comparative Institutional Economics: The Governace of Rail Freight Contracting. *Journal of Legal Studies*, 13: 265–

287.

Pamela Oliverand, Gerald Marwell. 1988.The Paradox of Group Size in Collective Action: A Theory of the Critical Mass. II, *American Sociological Review*, vol. 53, pp.1–8.

Perrow, Charles. 1986. *Complex Organization: A Critical Essay*. NY: McGraw-Hill.

Perrow, Charles. 1992. Small-Firm Networks.in Nitin Nohria and Robert G. Eccles (Ed.). *Networks and Organizations*. Boston: Harvard Business School Press.

Powell, Walter. 1990. Neither Market nor Hierarchy: Network Forms of Organization. *Research in Organizational Behavior*, 12: 295–336.

Prigogine, I. 1955. *Thermodynamics of Irreversible Process*. NY: Ryerson Presss.

Richard Scott. 1998. *Organizations: Rational, Natural, and Open Systems*. NJ: Prentice Hall.

Simon H. 1976. *Administrative Behavior*. NY: The Free Press.

Walder, A. 1986. *Communist Neo-traditionalism, Work and Authority in Chinese Industry*. Berkeley: University of California Press.

Watts, Duncan and Steven Strogatz. 1998. Collective Dynamics of Small-World Networks. *Nature*, 393: 440–442.

Watts, Duncan. 1999. Dynamics and The Small-world Phenomenon. *American Journal of Sociology*, 105 (2), 493–527.

参考文献

Williamson, O. 1975. Transaction-cost Economics: The Governance of Contractual Process. *Journal of Law and Economics*, XXII (2): 233-261.

Williamson, Oliver. 1979. Transaction-Cost Economics: The Governance of Contractual Relations. *Journal of Law and Economics*, 22: 233-261.

Williamson, Oliver. 1981. The Economics of Organization: The Transaction Cost Approach. *American Journal of Sociology*, 87: 548-577.

Williamson, Oliver. 1985. *The Economic Institutions of Capitalism*. New York: The Free Press.

Williamson, Oliver. 1991. Comparative Economic Organization: The Analysis of Discrete Structure Alternatives. *Administrative Science Quarterly*, 36: 269-296.

图书在版编目（CIP）数据

社区营造的理论、流程与案例 / 罗家德，梁肖月著. -- 北京：社会科学文献出版社，2017.12（2021.1重印）
（社区营造专业教研书系. 教学与研究系列）
ISBN 978-7-5201-1685-5

Ⅰ.①社… Ⅱ.①罗… ②梁… Ⅲ.①社区建设－研究－中国 Ⅳ.①D669.3

中国版本图书馆 CIP 数据核字（2017）第 267740 号

社区营造专业教研书系·教学与研究系列
社区营造的理论、流程与案例

著　　者 / 罗家德　梁肖月

出 版 人 / 王利民
项目统筹 / 谢蕊芬
责任编辑 / 杨　阳

出　　版 / 社会科学文献出版社·群学出版分社（010）59366453
　　　　　地址：北京市北三环中路甲29号院华龙大厦　邮编：100029
　　　　　网址：www.ssap.com.cn

发　　行 / 市场营销中心（010）59367081　59367083
印　　装 / 三河市尚艺印装有限公司

规　　格 / 开　本：787mm×1092mm　1/16
　　　　　印　张：13.25　字　数：146千字

版　　次 / 2017年12月第1版　2021年1月第5次印刷
书　　号 / ISBN 978-7-5201-1685-5
定　　价 / 59.00元

本书如有印装质量问题，请与读者服务中心（010-59367028）联系

▲ 版权所有 翻印必究